Dietrich Steinwede

Geboren 1930, war Dozent für Religionspädagogik am
Pädagogisch-Theologischen Institut der Rheinischen Kirche
in Bonn-Bad Godesberg.

Wo die Sonne übernachtet

und andere Märchen,
die von Gott und
der Welt erzählen

Herausgegeben von
Dietrich Steinwede

Gütersloher Verlagshaus

Die Deutsche Bibliothek – CIP-Einheitsaufnahme

Wo die Sonne übernachtet und andere Märchen, die von Gott
und der Welt erzählen / hrsg. von Dietrich Steinwede. –
Gütersloh: Gütersloher Verl.-Haus, 2000
ISBN 3-579-02298-9

ISBN 3-579-02298-9
© Gütersloher Verlagshaus, Gütersloh 2000

Umschlaggestaltung: Beate Nottbrock, Gütersloh, unter Verwendung
einer Zeichnung von Barbara Tkotz-Brandt, Mettingen
Satz: Weserdruckerei Rolf Oesselmann GmbH, Stolzenau
Druck und Bindung: Clausen & Bosse, Leck
Gedruckt auf chlorfrei gebleichtem Werkdruckpapier

Printed in Germany

Inhalt

Zu diesem Buch

Wie ist die Welt entstanden?
Woher kommt das Böse?
Wo übernachtet die Sonne?

Fragen, die nicht nur Kinder immer aufs Neue faszinieren und anregen, über den Ursprung der Welt, das Verhältnis unserer Welt zu Gott und umgekehrt nachzudenken.

Leser und Zuhörer werden schnell feststellen, dass die Antworten, die Völker der Erde in ihren Märchen, Mythen und Legenden auf die ersten und letzten Fragen gesucht und gefunden haben, sich überraschend ähnlich sind.

Wir lesen eine Sintflutgeschichte aus dem antiken Griechenland und fühlen uns an die biblische Sintflutüberlieferung erinnert. Wir finden eine Erzählung der Indios, in der der Gott Tlaloc den ersten Menschen aus Lehm formt und bemerken, dass Moses in der Genesis Gleiches vom Schöpfungsakt berichtet.

Sollte in uralten Märchen und Legenden nicht doch mehr Wahrheit zu finden sein, als wir in unserem rationellen Denken zugestehen wollen?

Eines ist sicher: Noch immer eignen sich Märchen dazu, Kinder, Jugendliche und Erwachsene anzuregen, über Gott und das Leben nachzudenken und sich im Raum der Fantasie spielerisch damit auseinanderzusetzen. Somit verfolgt dieses Buch mehr als spannende Unterhaltung, die es allemal ist. Es führt uns durch den Zauberschatz der Völker in eine Welt, in der keine strenge Logik, kein mathematisches Naturgesetz mehr zählt.

Hier werden Menschen aus Lehm geformt, das Leben selbst wandert durch die Welt, ein Wal schläft unter einem Baum.

Es wird berichtet von Zaubertränken und vom bösen Zauberregen... – Es ist die Welt der Fantasie.

Diese Welt scheint heute mehr und mehr verloren, und es fällt uns und unseren Kindern schwer, einen Zugang zu den so einfachen und doch so schweren Texten zu finden.

Wolfgang Longardt gibt im Anhang Tipps und Vorschläge, wie Eltern, Erzieher, Lehrer und alle, die Spaß am Spiel mit Kindern haben, sich mit ihnen auf die Reise in die zauberhafte Welt der Märchen begeben können. Denn es erscheint wichtig, dass wir uns in der Zeit des vorbeihuschenden Fernsehbildes Momente suchen, in denen ein Text oder ein Bild intensiv wirken und so Sinn sich überhaupt erst erschließen kann.

Die Vorschläge sind auf einzelne Märchen bezogen, lassen sich aber auch als Schablone eigener Spielideen für alle anderen Märchen des vorliegenden Buches sowie anderer Märchenbücher verwenden. Die Spielanregungen sind zum größten Teil aus Erfahrungen in einer Hamburger Spielgruppe entstanden und eignen sich besonders dazu, Kinder im Alter von fünf bis zehn Jahren in die Tiefe und Symbolik der Texte einzuführen.

1. Woher kommt die Welt?

Die Himmelsfrau

Einst lebte die Menschheit in einem himmlischen Paradies. Unter dem Himmel lag nicht die Erde, sondern so weit man blicken konnte, dehnte sich das Meer aus, in dem Wasservögel und andere Tiere wohnten.

Über dem großen Wasser stand keine Sonne; doch der Himmel war erleuchtet vom Baum des Lichtes, der vor dem Haus des Himmelsherrn wuchs.

Ein Traum riet dem Herrscher über das himmlische Paradies, eine schöne, junge Frau zu heiraten, und er tat, wie ihm im Traum befohlen worden war. Vom Atem des Himmelsherrn wurde die Frau schwanger, doch der Mann begriff nicht das Wunder der Natur, sondern entbrannte in Wut und Zorn. Da träumte ihm abermals, und die Stimme des Traumes riet ihm, den Baum des Lichtes vor der Schwelle seines Palastes auszureißen. Und wieder hörte er auf die Stimme seines Traumes. So entstand draußen vor dem Haus ein großes, klaffendes Loch. Als der Himmelsherr nun sah, wie sein Weib neugierig durch das Loch hinabblickte, überkam ihn wieder eifersüchtiger Zorn, und er gab ihr von hinten einen Stoß. Da stürzte sie aus dem himmlischen Paradies und fiel hinab, dem großen Wasser entgegen.

Immer noch zornig, warf ihr der Himmelsherr alle Gegenstände und Lebewesen nach, die ihr lieb und wert gewesen waren: einen Maiskolben, Tabakblätter, ein Reh, Wölfe, Bären und Biber, die später alle in der unteren Welt leben sollten. Aber noch gab es diese Welt nicht, die jetzt unsere Welt ist. Das unglückliche Weib des Himmelsherrn stürzte durch die Luft herab, und die weite Wasserfläche, in der sie hätte ertrinken müssen, kam immer näher. Das sahen die Tiere, die in dem großen Wasser wohnten, und sie beschlossen, ihr zu helfen. Die Wasservögel breiteten ihre Flügel aus und flogen so dicht nebeneinander her, daß sich die Spitzen ihrer Federn berührten. Sie wollten die Himmelsfrau auffangen. Die Wassertiere suchten einen Landeplatz. Die große Wasserschildkröte tauchte auf und hob ihren Panzer über den Meeresspiegel, während die anderen Tiere zum Meeresboden hinabtauchten, um dort Schlamm und Sand zu holen.

Die Bisamratte brachte ein paar Steine, und die Kröte schleppte Algen und Tang herbei, und sie warfen Schlamm, Sand, Algen und Steine auf den Panzer der Schildkröte. So entstand eine Insel, die nach und nach größer und größer wurde.

Unterdessen hatten die Vögel die Himmelsfrau in der Luft aufgefangen und trugen sie zur unteren Welt herab. Von Zeit zu Zeit kamen neue Vögel und lösten jene ab, die müde geworden waren von der schweren Last, die auf ihrem Gefieder ruhte.

Endlich landete die Himmelsfrau wohlbehalten auf der Insel der großen Wasserschildkröte. Sie dankte den Vögeln, die ihr und dem Kind in ihrem Leib das Leben gerettet hatten. Sie nahm eine Handvoll Erde und warf die Erde von sich. Da vermehrte sich das Land durch die Zauberkraft, die in den Fingerspitzen der Himmelsfrau sitzt; die Insel wuchs und wuchs und wurde eine Welt, und die Horizonte rückten in die Ferne. Pflanzen und Bäume begannen zu sprießen, und die Tiere, die der Himmelsherr seinem Weib nachgeworfen hatte, fanden Wohnung und Nahrung und vermehrten sich. So entstand die Erde, und die Himmelsfrau wurde die Große Erdmutter.

Märchen der Indianer

Wie es kam, daß der Mond am Himmel aufging

Es geht die Mär, es habe vor langer, langer Zeit den Mond noch nicht gegeben. Die Sonne war traurig und schaute düster auf die Welt hinab. Sie wurde von allen als König anerkannt, aber das bereitete ihr keine Freude, denn sie lebte allein. Wenn sie morgens erwachte, sah sie alle Welt finster an, und nachmittags begab sie sich voll Kummer eilig zur Ruhe. Sie spendete nur spärliches Licht. Die Menschen litten sehr darunter. Die Tage waren trüb, auf den Feldern gedieh nur wenig, und die Menschen hatten nicht genug zu essen.

Auf einer Insel lebte ein Datu. Seine Untertanen belästigten ihn unentwegt mit ihren Klagen, König Sonne scheine nur schwach, deshalb gäbe es eine schlechte Ernte. Schließlich riß dem Datu die Geduld, er ließ alle seine Räte kommen und befahl ihnen, sich etwas auszudenken. Die Räte beratschlagten lange miteinander, bis sie endlich den Entschluß faßten, sich an einen weisen Mann zu wenden, damit dieser mit der Sonne rede.

So geschah es auch. Der älteste und gelehrteste Weise des Stammes unternahm alles, um zu erfahren, warum die Sonne den Menschen wenig Licht spendete. Dank diesem Weisen erfuhr der Datu, daß sich König Sonne nach einer Königin sehnte. Und daß sich König Sonne wünschte, des Datus einzige Tochter solle Königin werden, denn seine Frau müßte einem königlichen Geschlecht entstammen.

Der Datu meinte, die Sonne verlange zuviel. Er liebte seine einzige Tochter zu sehr, um sich von ihr zu trennen, und außerdem war sie die einzige Erbin seines Königreichs. Der Datu erzürnte, und wie immer ihn auch seine Räte zu überreden suchten, er lehnte es ab, seine Tochter der Sonne zur Frau zu geben. Und die Untertanen beklagten sich immer mehr und jammerten noch lauter.

Seiner Tochter Sulaymin verheimlichte der Datu alles. Er erteilte den strengen Befehl, niemand solle mit ihr darüber sprechen. Sulaymin war gutherzig, alle Leute im Palast hatten sie lieb, und niemand wollte sich von ihr trennen.

Eines Tages ging Sulaymin mit ihrer Freundin spazieren, sie gingen zum Bach, und unterwegs begegneten sie einem Bettler. Sulaymin hielt ihn an und fragte ihn, warum er betteln gehe. Der Bettler wußte nicht, wer vor ihm stand, und so erzählte er ihr, was sich die Sonne wünschte. Sulaymin sah, daß allein sie ihren Stamm vor einem grausamen Geschick bewahren konnte.

»Ich kann ein solches Leid nicht mit ansehen!« rief Sulaymin aus, als der Bettler seine Erzählung beendet hatte. »Ich werde mit meinem Vater sprechen.«

Sie kehrte in den Palast zurück und ging sogleich zu ihrem Vater. Lange stritten sie, aber der Vater wollte seine Einwilligung nicht geben, denn es fiel ihm schwer, sich von seiner einzigen Tochter zu trennen.

Sulaymin aber dachte an nichts anderes mehr, nur daran, wie sie ihren Untertanen helfen könnte.

Aus Angst, sein einziges Kind zu verlieren, verbot der Datu Sulaymin, sich jenseits der Einfriedung des Schloßgartens aufzuhalten.

Eines Tages erwachte Sulaymin in froher Stimmung. Sie weckte auch ihre Freundinnen, und zu deren nicht geringem Erstaunen brachte sie ihrem Vater eigenhändig das Frühstück.

Um die Mittagszeit ging sie wie gewöhnlich mit ihren Freundinnen in den Garten. Sie verbrachten dort einige Stunden in fröhlicher Unterhaltung. Als sie Versteck spielten, verbarg sich Sulaymin in der Krone eines weitverzweigten Baumes, an dem sich Baggingstengel rankten. Und siehe, ein Wunder geschah!

Die Baggingstengel umschlangen plötzlich Sulaymins Körper, und gleich darauf wurde sie zum Himmel hinaufgehoben, als würde sie vom Wind weggeweht.

Seither ward Sulaymin von niemanden mehr gesehen. Aber die Sonne begann so zu scheinen und zu wärmen, daß die Menschen jauchzten. Ihre Freude kannte keine Grenzen, und niemand wußte, daß man im Palast die verschollene Sulaymin beweinte.

Als die Nacht hereinbrach, blickten die Menschen überrascht zu dem milden Licht auf, das vom Himmel strömte. Es war das Licht des Mondes, Sulaymins, der Frau des Königs Sonne.

Märchen von den Philippinen

Über die Menschen

Nun war die Sonne auf der Welt. Und im Wasser schwammen die Fische, und in der Luft flogen die Vögel, und unzählige Tiere gab es auf der Erde.

Aber keines der Tiere bedankte sich für die Sonne. Das gefiel den Göttern gar nicht.

»Wir werden Menschen schaffen«, beschlossen sie. »Sie werden uns nicht enttäuschen.«

Und so geschah es!

Der blaue Gott Tlaloc machte sich sogleich ans Werk. Er nahm Lehm und schuf daraus einen Menschen. Doch nicht umsonst heißt es ›Gut Ding braucht Weile‹. Der Lehmmensch, den Tlaloc geschaffen hatte, konnte nicht einmal aufrecht stehen, und kaum war er in eine Pfütze gerutscht, da löste er sich auf.

16 Da lachte Xipe Totec und sagte kühn: »Wie kann man Menschen aus Lehm machen. Schaut her, meine Menschen werden bestehen und sich nicht auflösen!«

Und schon nahm er ein Messer zur Hand, schnitt damit einige Äste ab und schnitzte aus den Ästen Figuren. Sie lösten sich nicht auf. Also ließen die Götter sie leben.

Aber die Holzmenschen verhielten sich wie Marionetten. Ihre Gesichter zeigten kein Lächeln, ihre Augen weinten keine Tränen, – sie prügelten ihre Hunde, sie ließen die Töpfe und Pfannen so lange auf dem Feuer, bis sie anbrannten, und schlugen mit Stöcken und Steinen derart aufeinander ein, daß ihre Holzglieder zerbrachen.

Die Götter schauten den Holzmenschen eine Weile zu. Sie gefielen ihnen nicht. Und die Holzmenschen nahmen auch bald ein schlechtes Ende.

Und eines Tages war es soweit.

Alle Tiere, Töpfe, Stöcke und Steine sagten den Holzmenschen den Kampf an.

Sie entzündeten große Feuer und trieben die Holzmenschen in die Flammen hinein und ließen sie zu Asche verbrennen.

Darauf sagte der schwarze Gott Tezcatlipoca:

»Lehm und Holz gibt es genug auf der Welt, deshalb werden wir daraus auch keine Menschen mehr machen. Gold ist das Wertvollste, wir machen Menschen aus Gold.«

Und Tezcatlipoca schuf seine Menschen aus Gold. Es waren ihrer nicht viele, doch sie strahlten so hell, daß allen die Augen übergingen. Und weil ihr Gott unentwegt auf ihre Schönheit achtete, dienten ihnen alle Tiere in Angst und Furcht.

Tezcatlipoca hatte Freude an seinen Menschen, die geehrt und geachtet wurden. Aber eines Abends sagte der weiße Gott Quetzalcoatl:

»Die Welt braucht deine Aufgeblasenen, deine Goldenen, nicht! Sie rühren keinen Finger und lassen die Tiere für sich arbeiten. Die rechten Menschen müssen sich das Leben durch eigene Arbeit verdienen. Solche Menschen werde ich schaffen!«

Und er machte sich ans Werk. Er knetete aus weißem und gelbem Mais eine Masse und schnitt sich in den kleinen Finger, damit sich sein Blut mit der Masse vermische. Dann modellierte er sorgfältig den Rumpf, den Kopf und alle Glieder. Der Mensch war fertig. Nun hauchte ihm sein Schöpfer das Leben ein, und Morgenröte strahlte am Himmel, der neue Tag begann.

Seit dieser Zeit leben die Menschen auf der Erde, Menschen aus dem Blut des Gottes Quetzalcoatl ... Indianer.

Sie jagen und bebauen ihre Felder, und wenn sie sich keinen Rat wissen, fragen sie ihn, ihren Schöpfer.

Doch noch so manches Mal treffen sie die aufgeblasenen Goldenen. Dann müssen sie ihnen dienen, aber die Goldenen werden weniger und weniger und sie, die Indianer, werden mehr und mehr.

Märchen der Indios

Wo die Sonne übernachtet

An einem Morgen war es. Die Steppe dampfte vom Tau der Nacht. Da tauchten über den weiten Fluren Wolken am Himmel auf. Immer, wenn die Steppe dampft und die Sonne scheint, kommen Wolken auf. An diesem Morgen wurden zwei weiße, krause Wölkchen geboren – zusammem mit vielen anderen. Sie begegneten sich über einer Wiese und überlegten, was sie tun sollten. Da kamen sie auf den Gedanken, einmal nachzuschauen, wo die Sonne übernachtet.

Und sie beschlossen, hinter der Sonne herzuziehen. Wenn sie dann am Abend hinter dem Horizont versänke, würden sie ja sehen, wo sie zur Nachtzeit bliebe.

So geschah es. Sie jagten hinter der Sonne her. Das war eine lange, lange Reise, und es wollte und wollte nicht Abend werden.

»An sich müßte es längst Abend sein«, meinte die eine Wolke. »Die Sonne führt uns an der Nase herum. Sie hat erraten, was wir wollen, und wird sich heute nacht nicht schlafen legen«, setzte die andere Wolke hinzu.

Die Wolken berieten ein zweites Mal und flogen dann weiter. Sie dachten, früher oder später müßte die Sonne doch einmal müde werden und schlafen gehen. Da sie ja älter sei als die Wolken, würde sie um so eher ermüden. Ob die Sonne wolle oder nicht, sie bekämen es doch heraus, wo sie übernachtet.

Die Zeit verging. Die Sonne zog am Himmel ihre Bahn. Die Wolken hinten drein. Die Zeit verging, aber es wurde noch immer nicht Abend.

Plötzlich schaute die Wolke auf die Erde hinunter und rief: »Sieh doch nur, wir sind schon wieder über der Wiese, über der wir gestern abend geboren wurden. Was hat das zu bedeuten? Sind wir gar um die Erde geflogen und zum Anfang des Weges zurückgekehrt?«

»Die Sonne will uns zum Narren halten. Sie bleibt am Himmel, um uns nicht zu zeigen, wo sie übernachtet. Aber es soll ihr nicht gelingen, uns zu täuschen. Wir warten, bis sie müde wird«, sprach die andere Wolke, und dann flogen sie weiter...

Das war im Frühling. Als der Sommer kam, zogen die Wolken immer noch hinter der Sonne her. Und die war nicht ein einziges Mal vom Himmel gewichen und hatte sich noch nicht schlafen gelegt.

Die Sonne zog am Himmel ihre Bahn, die Wolken eilten hinterher und sprachen: »Wie starrköpfig doch die Sonne ist!

Wieviel Tage ist es jetzt auf Erden nicht mehr Nacht geworden! Unten in der Tiefe bleibt es immerzu hell«, meinte die eine Wolke, und die andere gab ihr recht: »Wo die Sonne übernachtet, wir haben es nicht herausbekommen. Aber dafür haben wir der Erde einen langen, lichten Tag geschenkt. Unsretwegen ist die Sonne nicht schlafen gegangen.«

So sprachen die Wolken. Sie ziehen noch immer hinter der Sonne her. Schaut einmal um die Mittagsstunde zum Himmel hinauf, dann könnt ihr sie sehen.

Brüder Bondarenko

Die verbotene Frucht

Unumbotte, der Gott, war mächtig. Eines Tages erschuf er die Menschen – einen Mann und eine Frau. Dann machte er noch Ukow, die Schlange, und die Antilope Opel.

Damals wuchs noch nichts auf den Feldern, und es gab nur einen einzigen Baum, die Ölpalme Bubauw. Die Geschöpfe hockten am Boden und wußten nicht, was sie machen sollten.

Unumbotte kam vom Himmel herab. »Ihr sollt den Boden klopfen!«, befahl er ihnen. »Dann wird etwas wachsen. Hier sind Samen. Pflanzt sie in die Erde.«

Er ging fort.

»Warum sollen wir den Boden klopfen?«, fragte der Mann.

Seine Frau wußte es nicht. Auch Opel und Ukow wußten es nicht. Darum unterließen sie es, jedoch warfen sie die Samenkörner zu Boden. Sie verdarben bis auf eines, das zu keimen begann und einen Baum hervorbrachte, der hoch emporwuchs.

Er trug rote Früchte.

Als Unumbotte zurückkam, sah er, daß niemand den Boden geklopft hatte. »Ihr seid ungehorsam«, sagte er. »Darum ist nichts gewachsen.«

»Dieser Baum ist gewachsen«, entgegnete die Schlange. »Er trägt schöne rote Früchte.«

Unumbotte pflückte einige der Früchte und ging fort. Von nun an kam er alle sieben Tage, um sich rote Früchte zu holen. Denn man konnte sie essen.

Ukow, die Schlange, dachte darüber nach. Eines Tages sagte sie zu den beiden Menschen und zur Antilope: »Wir müssen hungern, weil wir nichts zu essen haben. Unumbotte aber pflückt die roten Früchte und schlägt sich den Bauch voll. Er braucht nicht zu hungern. Warum nehmen wir nicht auch davon und essen?«

Opel, die Antilope, erwiderte: »Die Früchte sind rot. Wissen wir mehr von ihnen? Wir kennen sie nicht.«

»Gott ißt sie«, zischelte die Schlange. »Was ihm schmeckt, schmeckt auch uns. Soll für uns schlecht sein, was für ihn gut ist?«

Die Antilope schwieg. Dem Mann und der Frau knurrte der Magen. Ihnen war schlecht vor Hunger. Darum faßten sie Mut, rissen einige Früchte vom Baum und aßen sie. Es waren wohlschmeckende Früchte, die den Hunger stillten.

Als Unumbotte zurückkam und sah, was inzwischen geschehen war, fragte er: »Wer hat von den Früchten gegessen?«

Der Mann antwortete: »Ich habe davon gegessen, Unumbotte.«

»Und ich«, fügte die Frau hinzu.

Zornig fuhr Gott sie an: »Wer hat euch gesagt, daß ihr sie essen sollt?«

Die Menschen antworteten: »Ukow hat uns dazu überredet.«

»Und warum habt ihr euch von ihr beschwatzen lassen?«

Der Mann und die Frau schlugen die Augen nieder. »Wir hatten Hunger, Gott.«

Unumbotte wandte sich an die Antilope: »Hast du auch Hunger, Opel?«

»Ja, ich bin hungrig, Gott«, antwortete die Antilope.

»Willst du auch von den roten Früchten essen?«

Die Antilope schüttelte den Kopf. »Ich will lieber Gras essen.«

Seitdem ernährt sich die Antilope vom Buschgras.

Zu den Menschen sagte Unumbotte: »Ihr sollt nicht länger hungern. Hier sind Wurzeln. Ihr könnt sie in die Erde stecken. Es wächst Yam daraus. Und wenn ihr diesen Samen sät, wird Idi wachsen, das Korn.« Seitdem pflanzten die Menschen Yamswurzeln, die sie Demura nennen, und Idi, das Guineakorn. Sie lernten, daraus Speisen herzustellen und schlossen sich zu Eßgemeinschaften zusammen. Die Angehörigen jeder Eßgemeinschaft nahmen aus ihrer Schüssel, jedoch niemals aus der Schüssel einer anderen Eßgemeinschaft.

Jede Gemeinschaft lebte miteinander, bearbeitete gemeinsam den Acker und aß miteinander. Die Gemeinschaften bildeten Stämme und sprachen ihre eigenen Sprachen. Heute gibt es viele Menschen und viele Stämme.

»Und ich?«, fragte Ukow, die Schlange, den Gott Unumbotte. Er gab ihr eine Medizin. »Du sollst die Menschen beißen!«, befahl er ihr. Darum besitzt die Schlange das Gift und beißt die Menschen.

Märchen aus Afrika

Wie die Blumen wieder auf die Erde kamen

Seit den alten Tagen ist die Regenzeit schon unzählige Male über das Land gezogen, und unzählige Male ist das Gras der Savanne verdorrt. Viele, viele Jahre ist der heiße Wind darüber hinweggefegt. Damals waren die Menschen glücklich und zufrieden. Sie halfen einander im Kampf gegen giftige Schlangen, gingen gemeinsam auf die Jagd und teilten die Beute gerecht. Die Erde war damals so schön, daß selbst Gott Pisme bei den Menschen wohnte.

Das blieb jedoch nicht immer so. Die Menschen wurden mißtrauisch und neidisch, jeder dachte bald nur noch an sich selbst. Gott Pisme gefiel das gar nicht, und als das Treiben der Menschen immer ärger wurde, ging er fort.

Gott Pisme zog sich auf den Berg Oobi zurück, und damit begann das Unheil. Ihm folgten die Vögel. So wurde es auf der Erde weit und breit still. Kaum waren die Vögel verschwunden, wimmelte es auf allen Wegen und Pfaden, die zum Berg Oobi führten, von Ameisen und Käfern, die zuvor im Gras gelebt hatten. Über Nacht verschwanden auch die Blumen und die Blätter und Blüten der Bäume und Sträucher, und das Gras verdorrte. Die große Erde um den Berg Oobi verwandelte sich in eine Wüste und war bald so öd wie die Seelen der Menschen. Kaum waren die Blumen und die Blüten der Bäume und Sträucher verschwunden, verstummte das Gesumm der fleißigen Bienen.

Als die Frauen für ihre Kinder Honig holen wollten, erschraken sie, denn sie fanden die Bienenstöcke leer.

Inmitten der verödeten Erde grünten aber noch drei Bäume mit goldenen Früchten. Hierher waren die Bienen geflogen. Gott Pisme hatte die Bäume weiter grünen und ihre Früchte weiter wachsen lassen, um die Menschen zu prüfen.

Die Frauen baten ihre Männer, die Früchte der Bäume zu pflücken. Sie selbst wollten währenddessen für ihre weinenden Kinder den Honig ernten. Sie sagten:

»Die goldenen Früchte auf den drei Bäumen verfaulen, wenn niemand sie pflückt. Und die Bienen haben so viel Honig in ihren Stöcken, daß unsere Kinder zufrieden wären.«

Die Männer hatten jedoch begriffen, warum Gott Pisme die

Menschen verlassen hatte und die Erde so unwirtlich geworden war. So antworteten sie:

»Wir haben nicht geachtet, was wir hatten. Gott Pisme hat uns zu Recht bestraft. Rührt die drei Bäume nicht an, sicher sind sie mit einem Zeichen versehen!«

Gott Pisme blickte vom Berg Oobi auf die öde Erde hinab, und als er hörte, was die Männer sagten, beschloß er, etwas zu tun.

Er hob die Hände, und sogleich kamen aus dem rissigen Boden Pflanzen hervor, die es bisher auf der Erde nicht gegeben hatte. Aus den Pflanzen wurden mächtige Bäume, die Eukalyptusbäume.

Die Mütter sammelten den Blattsaft in Töpfe, trugen sie nach Hause und bereiteten Süßigkeiten daraus. Und bald hörte man weit und breit kein Kinderweinen mehr.

Die Menschen wußten, wer sie beschenkt hatte, aber sie waren nicht zufrieden, denn ihnen fehlten die Blumen und die Vögel und alles, was Gott Pisme auf den Berg Oobi gefolgt war.

So traten die Schamanen aller Stämme zu einer Beratung zusammen:

»Wir schauen bewundernd zu den mächtigen Bäumen auf, aber wir haben nichts, was die Erde verschönt. Uns fehlt der Duft der Blumen und ihre Farben. Uns fehlt der Gesang. Laßt uns zu Gott Pisme gehen! Er hat uns die Eukalyptusbäume geschenkt! Er wird uns vielleicht noch einmal helfen!«

Und die Zauberer legten ihre Speere beiseite, wuschen sich die Farben von ihren Gesichtern und machten sich auf den Weg zum Berg Oobi.

Niemand zählte die Tage, die sie durchwanderten. Ihnen wuchsen Bärte, und ihre Haare reichten ihnen bis zu den Schultern. Die Sonne brannte weiter erbarmungslos vom Himmel und gerbte den Schamanen die Haut so, daß sie aufsprang.

24

Ihre Fußsohlen waren wund geworden und bluteten. Der Hunger quälte sie, und ihre Lippen waren vor Durst trocken. So zogen sie über die graslose Erde dahin.

Nach langer Zeit gelangten sie am Fuße des Berges Oobi an. Aber wie sollten sie den glatten Fels hinaufsteigen? Nirgends war eine Ritze oder ein Vorsprung zu entdecken. Wo sollten sie Halt finden?

Dreimal waren sie schon um den Berg herum gelaufen, als sie endlich eine Treppe entdeckten. Die Schamanen hofften, über diese Treppe zu Gott Pisme zu gelangen. So stiegen sie hintereinander auf dem beschwerlichen Weg empor. Viele Tage stiegen sie, und es schien, als ob die steile Treppe, die sich hoch über ihnen in den Wolken verlor, kein Ende nehmen wollte.

Als die Sonne unterging, war der Gipfel des Berges Oobi noch immer weit entfernt. Tief unter ihnen schwebten Adler über gähnende Schluchten, und die Erde verbarg sich in einem Dunstschleier. Als die Schamanen die Wolken erreicht hatten, sahen sie zu ihrem Erstaunen eine Quelle mit kristallklarem Wasser. Von dem mühsamen Aufstieg waren ihre Kräfte erschöpft. Kaum aber hatten sie von dem kristallklaren Wasser getrunken, da kehrten ihre Kräfte zurück, und sie konnten ihren Weg fortsetzen.

Weiter stiegen sie den beschwerlichen Weg empor, aber der Gipfel des Berges war immer noch nicht zu sehen. Auf einmal standen sie vor einem von Felsbrocken gebildeten Kreis, in den sie nacheinander traten. Als sie alle versammelt waren, dröhnte über ihnen eine mächtige Stimme:

»Ihr seid auf meine Hand getreten, Schamanen. Habe ich euch nicht die Eukalyptusbäume geschenkt? Was begehrt ihr noch?«

Die Schamanen warfen sich auf den Boden und drückten ihre Gesichter in die Hände. Nach einer Weile richtete sich der Älteste auf und sagte: »Ich will dir antworten, Gott Pisme, denn du bist es, den wir suchten. Höre uns an! Höre, was wir zu sagen haben. Wir danken dir, daß du uns die Eukalyptusbäume geschenkt hast, aus deren Blättersaft unsere Frauen Süßigkeiten bereiten. Wir könnten zufrieden sein, doch wie könnten wir es! Fehlen uns doch die Blumen! Schau hinunter, dann wirst du sehen, wie öde und farblos die Erde ist. Dies hat uns das Lachen, hat uns Gesang und Tanz vergessen lassen. Wie sollen wir so dort weiterleben? Wir bitten dich, gib uns die Blumen zurück!«

»Was wollt ihr mit den Blumen?«, fragte Gott Pisme. »Ihr könnt sie nicht essen, sie tragen weder Beeren noch Früchte.« Der Schamane schwieg. Woher sollte er die rechten Worte nehmen?

Da stand ein anderer Schamane auf, der verneigte sich tief und sprach:

»Du bist weise, Gott Pisme, und wir wissen selbst nicht recht, welchen Nutzen die Blumen für uns haben, aber als die Blumen dir auf den Berg Oobi gefolgt sind, liefen uns auch unser Gesang und unsere Tänze fort. Doch nicht genug damit, wir haben auch aufgehört, Bilder in die Wände zu meißeln, wir haben aufgehört, unsere Geräte und Werkzeuge zu verzieren, und beim Feuer herrscht Schweigen, weil niemand etwas zu erzählen weiß. Wir bitten dich, gib uns die Blumen zurück!«

Gott Pisme antwortete erst nach einer Weile:

»Eure Worte haben mich milde gestimmt. Geht hin und nehmt die Blumen mit euch.«

Die Schamanen sahen sich betroffen um.

»Wo sollten wir hier, auf dem Fels, auf dem nicht einmal ein Grashalm zu sehen ist, die Blumen wiederfinden?«, fragten sie.

Gott Pisme deutete, ohne zu antworten, nach oben, und sogleich schoben sich die Wolken auseinander, und die Schamanen stiegen die letzten Stufen der Treppe hinauf, über die sie durch eine schmale Öffnung auf eine große Wiese gelangten.

Auf der Wiese wuchsen Blumen, die die Schamanen kannten, aber auch solche, die sie nie zuvor gesehen hatten.

Vorsichtig begannen die Schamanen, von jeder Art eine Blume mit den Wurzeln auszugraben. Als sie damit fertig waren, kehrten sie in den steinernen Kreis zurück. Dort sprach Gott Pisme:

»Ich entlasse euch aus meiner Hand, Schamanen! Bringt meine Gabe hinunter zur Erde, pflanzt die Blumen dort unten an. Ich will den Ostwind zu euch senden, er soll euch den Regen bringen. So werden die Blumen weiterblühen, und Gesang und Tanz werden zu euch zurückkehren. Ihr werdet wieder wie einst Bilder in die Wände meißeln, werdet Geräte und Werkzeuge verzieren und an euren Feuern werdet ihr euch viel zu erzählen haben.«

Die Schamanen traten aus dem Kreis und stiegen zur Erde hinab. Die Menschen, denen sie begegneten, bestaunten das Wunder. Viele hatten die Blumen längst vergessen, andere hatten sie nie zuvor gesehen. Waren sie nicht den Sternen ähnlich?

Die Schamanen taten, was Gott Pisme ihnen aufgetragen hatte. Und als sie die letzte Blume in die geborstene Erde pflanzten, kam von Osten ein Wind, der den Regen mit sich brachte.

Wie sich die Erde freute!

Bald summten auch die Bienen wieder, und selbst die Vögel kehrten zurück und erfreuten die Menschen mit ihrem Gesang.

Bis an den Himmel reicht der Berg Oobi, von dem Gott Pisme Jahr um Jahr auf die Erde hinunterschaut und darüber nachsinnt, ob es recht war, den Menschen die Blumen wiederzugeben.

Märchen aus Australien

2. Welt der Elemente

Phaethon

Der junge Phaethon kam eines Tages weinend zu seiner Mutter gelaufen. »Niemand glaubt mir, daß mein Vater ein Gott ist«, schluchzte er. »Ich habe mit den Jungen gespielt, und sie haben mich ausgelacht. Sie sagen, ich gebe nur an.«

Die Mutter umarmte und tröstete ihn: »Dein Vater, Söhnchen, ist wirklich ein Gott. Schau hinauf zum Himmel. Der Sonnenball, der am Himmel brennt, leuchtet und strahlt, ist dein Vater. Er sieht, wie du mit den Jungen spielst, wie du im Fluß badest, er sieht alles, was auf der Erde geschieht. Dein Vater ist der Sonnengott Helios.«

Phaethon schaute zum Himmel und sehnte sich nach seinem Vater. »Ich gehe zu ihm«, sagte er, »ich will ihn besuchen.«

Die Mutter widersprach nicht. »Geh nur«, und sie streichelte sein Haar, »er wird dich gewiß gern sehen. Du mußt immer nach Osten gehen, bis du zu einem hohen Felsen kommst. Auf den Felsen führt ein Pfad, und am Ende des Pfades, auf der Spitze des Felsens, steht die Sonnenburg deines Vaters Helios.«

Voll Ungeduld machte Phaethon sich fertig und brach auf. Er ging und ging, immer nach Osten, bis er zu dem hohen Felsen kam. Die Burg des Sonnengottes schimmerte in der Ferne, und die hohen goldenen Säulen, auf denen sie stand, brannten am Himmel wie Flammen. Das zweiflüglige Burgtor, aus Silberstrahlen geschmiedet, leuchtete Phaethon entgegen, obwohl auf der Erde unter dem hohen Felsen schon lange Nacht war. Phaethon betrat die Sonnenburg. Er mußte stehenbleiben und die Augen schließen vor der gewaltigen Lichtflut. Mitten im Saal saß auf einem mit Edelsteinen besetzten Thron der Gott Helios. Um ihn standen im Kreis die Stunden, Tage, Monate, Jahre und Jahrhunderte. Als Phaethon sich an den Glanz und die Helle gewöhnt hatte, erblickte er neben dem Thron des Vaters noch weitere Gestalten. Lächelnd stand dort der junge Frühling mit bekränztem Haar, der Sommer mit einem Ährenkranz, der Herbst, über und über von Traubensaft bespritzt, und der eisige Winter mit wirrem grauem Haar. Und da erklang schon glockengleich durch die Burg die Stimme des Gottes Helios: »Willkommen, mein Sohn Phaethon. Warum bist du zu mir gekommen?«

Phaethon überwand seine Scheu und trat mutig vor den Vater: »Auf der Erde werde ich ausgelacht. Man sagt, ich lüge und prahle. Man glaubt mir nicht, daß mein Vater ein Gott ist. Ich bitte dich, wenn du kannst, zeige allen, daß ich wirklich dein Sohn bin.«

Helios nahm die funkelnden Strahlen vom Kopf, winkte Phaethon zu sich und umarmte und küßte ihn. »Du bist mein Sohn, Phaethon«, sagte er, »und ich will es dir beweisen. Wünsch dir, was du willst, und ich werde es dir erfüllen.«

Phaethon lachte stolz: »Ich weiß, daß du täglich in einem goldenen, von Zauberpferden gezogenen Wagen von Ost nach West über den Himmel fährst. Ich wünsche mir, wenigstens einmal diesen Wagen lenken zu dürfen.«

Da erschrak Helios und bedauerte sein Versprechen.

»Nur das nicht«, redete er dem Sohn zu, »wünsch dir etwas anderes. Du bist jung und wirst die wilden Pferde nicht halten können. Der Weg des Sonnenwagens ist beschwerlich. Morgens steigt der Wagen steil am Himmel empor, und wenn er den höchsten Punkt erreicht, erfaßt sogar mich der Schwindel von dieser Mittagshöhe. Dann liegt vor dem Wagen die abschüssige Straße hinab zu den Meereswellen. Es braucht eine starke Hand, damit der Wagen nicht samt Pferden und Lenker kopfüber in die Tiefe stürzt.«

Doch der Sonnengott konnte reden, was er wollte. Phaethon ließ sich nicht abbringen. Er brannte danach, seinen Freunden und allen Menschen auf der Erde zu beweisen, daß er der Sohn des Sonnengottes war. Und der Gott mußte sein Versprechen halten.

Seufzend nahm Helios den Sohn um die Schulter und führte ihn zu dem goldenen Wagen, der nach allen Seiten blendenden Glanz ausstrahlte. Während Phaethon den prächtigen Anblick bestaunte, öffnete die Morgenröte im Osten das Purpurtor und gab den Blick auf einen Saal voller Rosen frei. Die Nacht floh vor dem Morgenrot, und es wurde Zeit, die Feuerpferde vor den Sonnenwagen zu spannen.

Der Sonnengott bestrich Phaethon das Gesicht mit einer Zaubersalbe, um ihn vor den Strahlen zu schützen, und gab ihm letzte Ratschläge: »Lieber Sohn, wenn du dich von der gefährlichen Fahrt schon nicht abbringen läßt, so gibt acht, daß du mit dem Wagen nicht zu hoch fährst, du würdest den Himmel verbrennen; fährst du aber zu niedrig, versengst du die Erde. Darum halte dich in der Mitte zwischen Himmel und Erde. Gebrauche nicht die Peitsche, die Pferde stürmen schon von allein vorwärts. Den Weg erkennst du leicht, du siehst die Spuren meiner Räder, halte dich an sie.«

Phaethon nickte, aber er hörte nicht einmal, was der Vater sagte. Schon sprang er auf den Wagen, ergriff die Zügel und jagte freudig im Galopp aus der väterlichen Burg. Der gleißende Wagen zerriß den Nebel, und unter den Hufen der Sonnenpferde sprühten Funken aus der Luft. Zuerst galoppierten die Pferde in der gewohnten Bahn, daß Phaethons Haare nur so flogen. Dann aber spürten sie, daß sie von einer fremden, unsicheren Hand gelenkt wurden und daß der Wagen leichter war als sonst. Und da verließen sie die ausgefahrene Bahn. In wilder Fahrt schleuderten sie den Wagen hin und her und jagten damit, wohin es ihnen gefiel. Angsterfüllt schaute Phaethon von der Himmelshöhe hinab zur Erde. Tief unter ihm lagen Berge, Flüsse und Städte im strahlenden Licht seines Wagens. Phaethon erbebte, und Schwindel erfaßte ihn. Die Zügel entglitten ihm und fielen lose auf die Rücken der Pferde. Die Pferde bäumten sich auf und rasten bis zu den Sternen und dann wieder durch Rauchwolken der Erde zu. Wo der Sonnenwagen sich der Erdoberfläche näherte, schlugen Flammen empor. Der Boden vertrocknete und brach auf, im Erdreich öffneten sich schwarze Spalten. Der König der Unterwelt beobachtete mit Bangen das Licht, das durch die aufgesprungene Erdrinde in die ewige Finsternis seines Reiches drang. Zischend verdampften die Flüsse, auch die Berge wurden bis zur Weißglut erhitzt und zerfielen in Staub. Phaethon sah die Trümmer der brennenden Welt. Die brandheiße Luft stach ihn in Mund und Lunge, der Wagen unter ihm glühte. In Afrika, wo der Sonnenwagen sich zur Erde neigte, schwärzte sich die Haut ganzer Völkerschaften, und es entstanden riesige Wüsten. Sogar das Meer kochte, und die Fische versteckten sich am Meeresgrund. Die gepeinigte Erde aber flehte zum Göttervater Zeus, sie zu retten. Zeus erhörte die Bitte der Mutter Erde, schleuderte seinen Blitz und stieß Phaethon vom Sonnenwagen hinab. Da scheuten die Pferde und rissen sich aus dem Joch. Phaethon aber stürzte besinnungslos durch den glühenden Raum zur Erde. Wassernixen fanden den toten Phaethon und begruben ihn. Vater Helios verhüllte in tiefer Trauer sein Antlitz, und mitten am Tage wurde es Nacht, erhellt nur von den Bränden, die von der Erde zum Himmel loderten.

Phaethons Mutter irrte lange durch die Welt und suchte das Grab ihres Sohnes. Als sie es endlich fand, küßte sie weinend die Erde, unter der ihr Sohn lag. Auch Phaethons Schwestern erfaßte großer Kummer. Sie weinten und klagten monatelang. Da fühlten sie, daß sie nicht mehr von der Stelle konnten, die Füße waren im Boden festgewachsen, verzweifelt rauften sie sich die Haare, und statt der Haare raschelten Blätter unter ihren Fingern. Sie wurden zu Bäumen. Ihre Mutter wollte sie retten und riß ihnen die sprießenden Zweige aus. Da quollen Tropfen aus den Wunden und erstarrten an der Sonne zu Bernstein. Die Schwestern hatten sich vor Schmerz in Erlen verwandelt.

Der Sonnengott trauert bis heute um seinen Sohn. Abends nach Sonnenuntergang tropfen aus den Sternen, den Silberaugen des Nachthimmels, Tränen. Die Menschen nennen sie Tau.

Märchen aus der griechischen Antike

Das Märchen vom Wassermann

Es war einmal ein Ritter, der lebte tief im Walde auf seiner alten Burg in geistlichen Betrachtungen und strengen Bußübungen. Kein Fremder besuchte den frommen Ritter, alle Wege zu seiner Burg waren lange mit hohem Grase überwachsen, und nur das Glöcklein, das er bei seinen Gebeten von Zeit zu Zeit zog, unterbrach die Stille und klang in hellen Nächten weit über die Wälder weg. Der Ritter hatte eine junge Tochter, die ihm viel Kummer machte, denn sie war ganz anderer Sinnesart als ihr Vater, und all ihr Trachten ging nur auf weltliche Dinge. Wenn sie abends am Spinnrocken saß, und er ihr aus seinen alten Büchern die wunderbaren Geschichten von den heiligen Märtyrern vorlas, dachte sie immer heimlich bei sich: »Das waren wohl rechte Toren«, und hielt sich für weit klüger als ihr alter Vater, der alle die Wunder glaubte. Oft, wenn ihr Vater weg war, blätterte sie in den Büchern und malte den Heiligen, die darin abgebildet waren, große Schnurrbärte.

Sie war sehr schön und klüger als alle die anderen Kinder in ihrem Alter, weswegen sie sich auch immer mit ihnen zu spielen schämte, und wer mit ihr sprach, glaubte eine erwachsene Person reden zu hören, so gescheit und künstlich waren alle ihre Worte gesetzt. Dabei ging sie bei Tag und Nacht ganz allein im Walde umher, ohne sich zu fürchten, und lachte immer den alten Burgvogt aus, der ihr schauerliche Geschichten vom Wassermann erzählte. Gar oft stand sie dann am blauen Flusse im Walde und rief mit lachendem Mund: »Wassermann soll mein Bräutigam sein, Wassermann soll mein Bräutigam sein!«

Als nun der Vater zum Sterben kam, rief er die Tochter zu seinem Bette und übergab ihr einen großen Ring, der war sehr schwer von reinem Golde gearbeitet. Er sagte dabei zu ihr: »Dieser Ring ist vor uralten Zeiten von einer kunstreichen Hand verfertigt worden. Einer deiner Vorfahren hat ihn in Palästina mitten im Getümmel der Schlacht erfochten. Dort lag er unter Blut und Staub auf dem Boden, aber er blieb unbefleckt und glänzte so hell und durchdringlich, daß sich alle Rosse davor bäumten und keines ihn mit seinem Hufe zertreten wollte. Alle deine Ahnen haben den Ring getragen, und Gott hat ihren frommen Ehestand gesegnet. Nimm du ihn auch hin und betrachte ihn alle Morgen mit rechten Sinnen, so wird sein Glanz dein Herz erquicken und stärken. Wenden sich aber deine Gedanken und Neigungen zum Bösen, so verlöscht sein Glanz mit der Klarheit deiner Seele und wird dir gar trübe erscheinen. Bewahre ihn treu an deinem Finger, bis du einen tugendhaften Mann gefunden. Denn welcher Mann ihn einmal an seiner Hand trägt, der kann nicht mehr von dir lassen und wird dein Bräutigam.« – Bei diesen Worten verschied der alte Ritter.

Ida blieb nun allein zurück. Ihr war längst angst und bange auf dem alten Schlosse gewesen, und da sie jetzt ungeheure Schätze in den Kellern ihres Vaters vorfand, so veränderte sie sogleich ihre Lebensweise. Die dunklen Bogen, Tore und Höfe der alten Burg wurden niedergerissen, und ein neues, lichtes Schloß mit blendendweißen Mauern und kleineren lustigen Türmchen erhob sich bald über den alten Steinen. Ein großer, schöner Garten wurde daneben angelegt, an dem der blaue Fluß vorüberfloß. Da standen tausenderlei hohe, bunte Blumen, Wasserkünste sprangen dazwischen, und zahme Rehe gingen darin spazieren. Der Schloßhof wimmelte von Rossen und reichgeschmückten Edelknaben, die lustige Lieder auf ihr schönes Fräulein sangen. Sie selber war nun schon groß und außerordentlich schön geworden. Von Ost und West kamen daher nun reiche und junge Freier angezogen, und die Straßen, die zum Schlosse führten, blitzten von blanken Reitern, Helmen und Federbüschen.

Das gefiel dem Fräulein gar wohl; aber so gern sie auch alle Männer hatte, so mochte sie doch mit keinem einzigen ihren Ring auswechseln, denn jeder Gedanke an die Ehe war ihr lächerlich und verhaßt. »Was soll ich«, sagte sie zu sich selbst, »meine schöne Jugend verkümmern, um in abgeschiedener, langweiliger Einsamkeit eine armselige Hausmutter abzugeben, da ich jetzt so frei bin wie der Vogel in der Luft.« Dabei kamen ihr alle Männer gar dumm vor, weil sie entweder zu unbeholfen waren, ihrem müßigen Witze nachzukommen, oder auf andere hohe Dinge stolz taten, an die sie nicht glaubte. Und so betrachtete sie sich in ihrer Verblendung als eine reizende Fee unter verzauberten Bären und Affen, die nach ihrem Winke tanzen und aufwarten mußten. Der Ring wurde indes von Tag zu Tag trüber.

Eines Tages gab sie ein glänzendes Bankett. Unter einem prächtigen Zelte, das im Garten aufgeschlagen war, saßen die jungen Ritter und Frauen um die Tafel, in ihrer Mitte das stolze Fräulein gleich einer Königin, und ihre witzigen Redensarten überstrahlten den Glanz der Perlen und Edelgesteine, womit ihr Hals geschmückt war. Recht wie ein wurmstichiger Apfel, so schön und betrüglich war sie anzusehen. Der goldene Wein kreiste, die Ritter schauten kühner, üppig lockende Lieder zogen hin und wieder im Garten durch die sommerlaue Luft. Da fielen Idas Blicke zufällig auf ihren Ring. Der war auf einmal finster geworden, und sein verlöschender Glanz tat nur eben noch einen seltsamen, dunkelglühenden Blick auf sie. Sie stand schnell auf und ging an den Abhang des Gartens. »Du einfältiger Stein sollst mich nicht länger mehr stören!«, sagte sie in ihrem Übermute lachend, zog den Ring vom Finger und warf ihn in den Strom hinunter. Er beschrieb im Fluge einen hellschimmernden Bogen und tauchte sogleich in den tiefsten Abgrund hinab. Darauf kehrte sie wieder in den Garten zurück, aus dem die Töne wollüstig nach ihr zu langen schienen.

Am anderen Tage saß Ida allein im Garten und sah in den Fluß hinunter. Es war gerade um die Mittagszeit. Alle Gäste waren fortgezogen, die ganze Gegend lag still und schwül. Einzelne seltsam gestaltete Wolken zogen langsam über den dunkelblauen Himmel; manchmal flog ein plötzlicher Wind über die Gegend, und dann war es, als ob die alten Felsen und die alten Bäume sich über den Fluß unten neigten und miteinander über sie besprächen. Ein Schauer überlief Ida. Da sah sie auf einmal einen schönen, hohen Ritter, der auf einem schneeweißen Roß die Straße hergeritten kam. Seine Rüstung und sein Helm waren wasserblau, eine wasserblaue Binde flatterte in der Luft, seine Sporen waren von Kristall. Er grüßte sie freundlich, stieg ab und kam zu ihr. Ida schrie laut auf vor Schreck, denn sie erblickte den alten, wundertätigen Ring, den sie gestern in den Fluß geworfen hatte, an seinem Finger und dachte sogleich daran, was ihr der Vater auf dem Totenbette prophezeit hatte. Der schöne Ritter zog sogleich eine dreifache Schnur von Perlen hervor und hängte sie dem Fräulein um den Hals, dabei küßte er sie auf den Mund, nannte sie seine Braut und versprach, sie heute abend heimzuholen. Ida konnte nichts antworten, denn es kam ihr vor, als läge sie in einem Schlafe, und doch vernahm sie den Ritter, der in gar lieblichen Worten zu ihr sprach, ganz deutlich und hörte dazwischen auch den Strom, wie über ihr, immerfort verworren dareinrauschen. Darauf sah sie den Ritter sich wieder auf seinen Schimmel schwingen und so schnell in den Wald zurücksprengen, daß der Wind hinter ihm dreinpfiff. Als es gegen Abend kam, stand sie in ihrem Schlosse am Fenster und schaute in das Gebirge hinaus, das schon die graue Dämmerung zu überziehen anfing. Sie sann hin und her, wer der schöne Ritter sein möge, aber sie konnte nichts herausbringen. Eine nie gefühlte Unruhe und Ängstlichkeit überfiel dabei ihre Seele, die immer mehr zunahm, je dunkler draußen die Gegend wurde. Sie nahm die Zither, um sich zu zerstreuen. Es fiel ihr ein altes Lied ein, das sie als Kind oft ihren Vater in der Nacht, wenn sie manchmal erwachte, hatte singen hören. Sie fing an zu singen:

Obschon ist hin der Sonnenschein
Und wir im Finstern müssen sein,
So können wir doch singen
Von Gottes Güt' und seiner Macht,
Weil uns kann hindern keine Nacht,
Sein Loben zu vollbringen.

Die Tränen brachen ihr hierbei aus den Augen, und sie mußte die Zither weglegen, so weh war ihr zumute.

Endlich, da es draußen schon ganz finster geworden, hörte sie auf einmal ein großes Getöse von Pferdehufen und fremden Stimmen. Der Schloßhof füllte sich mit Windlichtern, bei deren Schein sie ein wildes Gewimmel von Wagen, Pferden, Rittern und Frauen erblickte. Die Hochzeitsgäste verbreiteten sich bald in der ganzen Burg, und sie erkannte alle ihre Bekannten, die auch letzthin auf dem Bankett bei ihr gewesen waren. Der schöne Bräutigam, wieder ganz in wasserblaue Seide gekleidet, trat zu ihr und erheiterte gar bald ihr Herz durch seine anmutigen und süßen Reden. Musikanten spielten lustig, Edelknaben schenkten Wein herum, und alles tanzte und schmauste in freudenreichem Schalle.

Während des Festes trat Ida mit ihrem Bräutigam ans offene Fenster. Die Gegend war unten weit und breit still wie ein Grab, nur der Fluß rauschte aus dem finsteren Grunde herauf. »Was sind das für schwarze Vögel«, fragte Ida, »die da in langen Scharen so langsam über den Himmel ziehen?« – »Sie ziehen die ganze Nacht fort«, sagte der Bräutigam, »sie bedeuten deine Hochzeit.«

– »Was sind das für fremde Leute«, fragte Ida wieder, »die dort unten am Flusse auf den Steinen sitzen und sich nicht rühren?« – »Das sind meine Diener«, sagte der Bräutigam, »die auf uns warten.« Unterdes fingen schon lichte Streifen an, am Himmel aufzuziehen, und aus den Tälern hörte man von fern Hähne krähen. »Es wird so kühl«, sagte Ida und schloß das Fenster. »In meinem Hause ist es noch viel kühler«, erwiderte der Bräutigam, und Ida schauerte unwillkürlich zusammen.

Darauf faßte er sie beim Arme und führte sie mitten unter den lustigen Schwarm zum Tanze. Der Morgen rückte indes immer näher, die Kerzen im Saale flackerten nur noch matt und löschten zum Teil gar aus. Während Ida mit ihrem Bräutigam tanzte, bemerkte sie mit Grausen, daß er immer blasser ward, je lichter es wurde. Draußen vor den Fenstern sah sie lange Männer mit seltsamen Gesichtern ankommen, die in den Saal hereinschauten. Auch die Gesichter der übrigen Gäste und Bekannten veränderten sich nach und nach, und sie sahen alle aus wie Leichen. »Mein Gott, mit wem habe ich so lange Zeit gelebt?«, rief sie aus. Sie konnte vor Ermattung nicht mehr fort und wollte sich loswinden, aber der Bräutigam hielt sie fest um den Leib und tanzte immerfort, bis sie atemlos auf die Erde hinstürzte.

Frühmorgens, als die Sonne fröhlich über das Gebirge schien, sah man den Schloßgarten auf dem Berge verwüstet, im Schlosse war kein Mensch zu finden, und alle Fenster standen weit offen. Die Reisenden, die bei hellem Mondenschein oder um die Mittagszeit am Fluß vorübergingen, sahen oft ein junges Mädchen sich mitten im Strome mit halbem Leibe über das Wasser emporheben. Sie war sehr schön, aber totenblaß.

Joseph von Eichendorff

Kemanta

An der Küste des Großen Wassers, dort, wo die eisigen Meereswellen an die Ufer schlagen und die Indianer in ledernen Zelten um die Feuerstellen sitzen, lebte einst der Knabe Kemanta. Er war ein trefflicher Jäger, oft jagte er mehr Füchse und Lamas als die erfahrensten Indianer. Aber vom Fischfang wollte er nichts hören. Lieber half er den Frauen bei der Arbeit, lieber duldete er es schweigend, daß man vom ihm sagte, er fürchte das Wasser.

Und er fürchtete das Wasser wirklich. Jeden Wassertropfen trocknete er ab, vor dem Regen versteckte er sich, und wenn die anderen Knaben während des kurzen Sommers im seichten Wasser herumtobten, lief er davon. Allmählich lachten ihn alle aus, und eines Tages trieben ihn der Vater und seine Brüder aus dem Haus; hätte die Mutter ihm nicht hin und wieder heimlich etwas zugesteckt, wäre er nicht satt geworden.

Aber bald schon lebte er von allen verlassen in einer armseligen Hütte, die er sich gebaut hatte. Und er wurde immer trauriger, er sehnte sich nach den Eltern und den Brüdern, doch die Angst vor dem Wasser konnte er nicht überwinden.

»Wozu bin ich eigentlich gut«, fragte Kemanta sich. »Mein Vater und meine Brüder haben mich zu Recht verstoßen und mich zu Recht einen Feigling genannt. Ich werde hier auf den Tod warten...«

Dann hockte er sich unter einen Pelz und wartete auf den mächtigen Temaukel. Vielleicht träumte er, vielleicht wachte er – jedenfalls sah er statt des körperlosen Temaukel plötzlich neben seiner Matte einen seltsamen Alten. Seine Hände und Füße waren aus Fischschuppen, und wenn er lächelte, entblößte er seine Zähne, die Hauern glichen. Seine runden Fischaugen glänzten wie das Wasser des Meeres.

»Fürchte dich nicht, ich bin der Meergeist!«, sagte der Alte. »Und ich will dir helfen!«

»Niemand kann mir helfen«, antwortete Kemanta traurig. »Ich fürchte das Wasser – ich werde niemals schwimmen lernen...«

»Wenn du willst, wirst du schon bald der beste Schwimmer sein!«

»Aber wie sollte ich?«

»Morgen früh, wenn die Wellen des Meeres noch nicht hoch ans Ufer schlagen, iß diese Muschel«, sagte der Alte, und dann hielt er dem Knaben eine runde, schwarze Muschel hin. »Diese Muschel wird dir die Angst vor dem Wasser nehmen. Und wenn du im Wasser bist, lehre ich dich das Schwimmen...«

Als Kemanta in der Frühe erwachte und die runde, schwarze Muschel sah, erinnerte er sich an den Alten und an das, was er gesagt hatte. Und ohne zu zögern aß er die Muschel und lief zum Meer hinunter. – Der Wind hatte sich gelegt – die Männer aus dem Dorf bereiteten gerade ihre Kanus zum Fischfang vor. Und sie sahen den Knaben, der ohne Bedenken in das kalte Wasser lief, das ihm bald bis zur Gürtellinie und über die Schulter reichte, in dem er plötzlich versank...

»Er ist ertrunken!«, riefen die Männer entsetzt – aber sie hatten sich geirrt. Denn im gleichen Augenblick ritt Kemanta auf einer Welle. Und dann sprang er wieder ins Wasser hinein. Das Spiel wiederholte sich ein paarmal: Der Knabe ritt jauchzend auf einer Welle und sprang ein Weilchen danach wieder ins Wasser.

Die Männer am Ufer staunten: »Kemanta, das ist Kemanta!« Kemantas Hände und Füße aber verwandelten sich allmählich in starke Flossen, der Kopf verband sich mit dem Rumpf, und die Nase wurde zu einem seltsamen Fischmaul. Mit jedem übermütigen Sprung nahm er mehr und mehr die Gestalt eines Delphins an.

»Da ist er! Dort taucht er auf!«, riefen die Männer am Ufer und warfen ihm allerlei Leckerbissen ins Meer.

Von jenem Tag an begleitete der Delphin die Indianer beim Fischfang und trieb ihnen reiche Beute in die Netze. Von Zeit zu Zeit aber entfernte er sich von ihnen, sprang lachend in die Höhe und warf sich sogleich wieder in die Wellen.

Um die Wahrheit zu sagen: Gesprungen ist er eigentlich nicht! Das schien den Indianern nur so – in Wirklichkeit spielte nämlich der Gute Meergeist mit ihm und warf ihn dabei in die Höhe. Und wie der Meergeist mit Kemanta spielte, so spielt er noch heute mit seinen Nachkommen.

Märchen der Indios

Schawenis und das Wasser des Lebens

Schawenis war ein kleines Mädchen, das mit seinen Eltern in dem ärmlichsten Häuschen des Pueblos wohnte. Hunger und Elend waren ständige Gäste bei ihnen, und je größer Schawenis wurde, desto öfter dachte sie darüber nach, wie sie diese ungebetenen Gäste vertreiben könnte. Denn sie wußte, daß weder Vater noch Mutter die nötige Kraft dazu aufbringen würden. So ruhte die ganze Schwere des Entschlusses auf ihr allein.

Endlich kam ihr ein Gedanke. Ich will Baumwolle sammeln und weben lernen, dachte sie. Und es dauerte nicht lange, da hatte sie viel Baumwolle zum Weben bereit.

Anfangs webte sie schöne Strümpfe, wie sie die Frauen zum festlichen Tanz zu tragen pflegten, dann aber wuchs unter ihren flinken Händen ein herrliches weißes Gewand – eine Manta –, und schließlich gelang ihr auch noch eine wunderbare Tanzschärpe.

Das ganze Pueblo war von ihren Arbeiten begeistert, und alle Frauen waren wie versessen darauf, diese Herrlichkeiten ihr eigen zu nennen. Schawenis paßte das in ihren Plan, und so waren ihre Erzeugnisse bald verkauft. Dann webte sie eine noch viel schönere Manta, aber auch die behielt sie nicht für sich, denn man bot ihr einen sehr hohen Preis dafür.

Und wie die Zeit verging, erschienen die Frauen des Pueblos eine nach der anderen in nagelneuen Gewändern zum Tanz. Schawenis webte und webte. Aber je mehr prächtige Gewänder aus ihren Händen hervorgingen, desto mehr wuchs auch der Hochmut in ihrem Herzen, so daß sie jetzt nicht nur schön und reich, sondern auch böse und hoffärtig war.

Ihre Altersgenossinnen heirateten eine nach der anderen. Auch um Schawenis bewarben sich einige junge Indianer und brachten ihr jeder ein schönes weißes Kleid, das sie selbst gewebt hatten.

Doch Schawenis wies die Bewerber ab. »Ich brauche eure Geschenke nicht«, sagte sie hochmütig. »Ich kann mir meine Kleidung selbst weben und noch viel schöner.«

Den alten Leuten entging es nicht, daß im Herzen des Mädchens der Hochmut seine Blüten trieb, und sie schüttelten besorgt die Köpfe. »Du hast dich vom Guten abgewendet, Schawenis«, sagten sie vorwurfsvoll. »Die guten Geister haben dir Reichtum geschickt, weil du ein fühlendes Herz hattest. Jetzt aber ist es voller Hoffart, und solche Menschen entgehen nur selten ihrer gerechten Strafe...«

»Spart euch diese Reden«, rief Schawenis aufbrausend. »Wenn ich Lust habe, kann ich mir für meinen Reichtum das ganze Pueblo kaufen und euch allesamt davonjagen!«

Seitdem wagte es niemand mehr, dem jungen Mädchen Vorhaltungen zu machen, und kein junger Indianer dachte mehr daran, daß er von Schawenis erhört werden könnte.

Nur einen hatte ihre Schönheit so bezaubert, daß er trotz allem Tag und Nacht an einem herrlichen Hochzeitskleid für sie webte. Der Jüngling wurde der Narbige genannt, weil die Pranken des Bären Tumwa, von dem er einst überfallen worden war, auf seinem Gesicht Spuren hinterlassen hatten.

Als das Kleid fertig war, ging er damit zu Schawenis.

»Was führt dich zu mir?«, fragte das Mädchen neugierig.

»Ich glaube an dein gütiges Herz, Schawenis, und bringe dir mein Hochzeitsgeschenk«, entgegnete der Jüngling und wollte seine Arbeit vor ihr ausbreiten.

»Bah, die Mühe kannst du dir sparen. Ich habe schon ganz andere fortgejagt. Oder hast du vielleicht gedacht, es würde mir Spaß machen, ein ganzes Leben lang dein narbiges Gesicht zu sehen?«, spottete Schawenis.

Der gedemütigte Jüngling schlug die Augen nieder und entfernte sich wortlos. Die höhnische Rede des Mädchens hatte ihn tief verletzt.

Der Narbige hatte von seiner Niederlage geschwiegen, aber Schawenis sorgte dafür, daß sie bald im ganzen Dorf bekannt wurde. Doch das sollte ihre letzte böse Tat sein.

Kurz danach senkte sich auf das Pueblo eine schwüle, sternenlose Nacht herab. Da war es plötzlich, als schwebte in dem Raum, wo Schawenis schlief, etwas durch die Finsternis, und dann traten drei sonderbare Geister an ihr Lager. Nichts als ihre seltsamen, fast unhörbaren Stimmen verriet ihre Gegenwart.

»Ich habe ihr Gesundheit und Schönheit verliehen«, flüsterte die erste Stimme, »aber nun schicke ich ihr für alles Böse, was sie getan hat, Krankheit und Schmerzen...«

»Ich habe ihr Reichtum geschenkt, aber sie verdient ihn nicht und soll wieder in Armut und Elend leben.«

»Und ich schicke ihr den Tod. Wenn sie den Hochmut nicht aus dem Herzen reißt, muß sie sterben. Howgh!«

Mehr sagten sie nicht, denn mit dem letzten Wort kam aus den schweren, in der nächtlichen Stille hängenden Wolken ein Blitz herabgefahren, und noch ehe sein Schein erlosch, waren die seltsamen Wesen oben im Sternenpueblo verschwunden. Über der Erde entlud sich ein Gewitter. Heftige Donnerschläge schreckten die Menschen aus dem Schlaf, und dann prasselte ein Regenguß nieder.

Schawenis wußte von alledem nichts. Sie hatte die ganze Nacht über tief geschlafen und schlug erst die Augen auf, als die Morgensonne ihre Strahlen auf die weißen Wände warf. Schawenis wollte sich erheben, aber eine unerklärliche Müdigkeit hielt sie umfangen, so daß sie kein Glied rühren konnte. Sie wollte nach ihrer alten Mutter rufen, aber die Zunge lag ihr wie Blei im Munde. Da wußte sie, daß sie krank war.

Lange blieb sie hilflos liegen. Erst als der Tag schon zur Neige ging, trat die Mutter an ihr Lager. Das veränderte Gesicht der Tochter verriet ihr auf den ersten Blick, wie es um Schawenis stand, und sie ließ sogleich einen Medizinmann rufen, der die Kranke gesund machen sollte.

Anfangs weigerte sich der Medizinmann, denn auch er war dem Mädchen nicht gewogen, aber als ihm eine reichliche Belohnung zugesagt wurde, packte er seine Arzneien zusammen und ging zu Schawenis.

45

Er wachte die ganze Nacht hindurch an ihrem Lager, zündete mehrmals ein Feuer an, stellte allerlei Tiegel darauf und braute darin, ununterbrochen Beschwörungsformeln murmelnd, seine Heiltränke.

Schawenis schluckte sie gehorsam, aber sie brachten ihr keine Linderung. Im Gegenteil, noch ehe die Nacht dem Morgen gewichen war, hörte sie zum erstenmal die Stimmen der Toten, die sie in das Reich der Schatten riefen.

In der Frühe nahm der Medizinmann seinen Lohn und machte sich zum Weggehen bereit. »Meine Arzneien besitzen außergewöhnliche Heilkraft«, sagte er beim Abschied, »aber die Krankheit, an der Schawenis leidet, vermögen sie nicht zu heilen. Ihr habt mich freigebig belohnt, und darum will ich euch einen guten Rat geben. In den Felsbergen wohnt ein noch mächtigerer Medizinmann als ich. Bietet ihm euren ganzen Besitz, und er wird eure Tochter gesund machen.«

Die Eltern säumten nicht und ließen auch diesen Medizinmann rufen. Drei Tage und drei Nächte lang mühte sich der Alte, die Krankheit auszutreiben, aber vergebens. Nur eines gelang ihm: Schawenis die Sprache wiederzugeben, so daß sie sagten konnte: »Schon die dritte Nacht höre ich die Stimmen der Toten aus dem Reich der Schatten. Sie rufen mich immer lauter und lauter, und ich fürchte mich vor ihnen. Sag, weiser Mann, muß ich wirklich sterben?«

Der Zauberer schüttelte den Kopf. »Meine Medizin hat dir nicht geholfen, obwohl im ganzen Indianerland keine heilkräftigere zu finden ist. Es gäbe vielleicht noch ein letztes Mittel, aber...«

»Nenne es mir, großer Medizinmann, du bekommst dafür alles, was ich besitze«, bat Schawenis.

»Wie ich sehe, hat die Krankheit deinen Stolz gebrochen, und das ist ein gutes Zeichen. Denn um wieder gesund zu werden, brauchst du Liebe. Aber du hast ja jeden, der sie dir geben wollte, fortgejagt!«

Schawenis brach in Tränen aus. Sie empfand bittere Reue über das, was sie getan hatte. Ach, wie gern hätte sie jetzt alles wiedergutgemacht!

In diesem Augenblick hörte man draußen die Leiter knacken. Jemand kam heraufgestiegen. Und dann trat derjenige in den Raum, dem das Mädchen das größte Leid zugefügt hatte – der Narbige.

»Im Pueblo heißt es, daß du im Sterben liegst«, sagte der Jüngling zu Schawenis. »Aber ich glaube es nicht und hoffe fest, daß du bald wieder gesund wirst.«

»Nein, ich werde nie wieder gesund«, entgegnete Schawenis traurig, »weil ich niemand geliebt habe als mich selbst.« Da mischte sich der Medizinmann in das Gespräch: »Willst du ihr helfen?«

»Von Herzen gern! Ich liebe Schawenis noch immer, auch wenn sie mir sehr weh getan hat.«

»Irgendwo weit in der Wüste hinter dem Pueblo strömt im Verborgenen das Wasser des Lebens. Du mußt es suchen und das Wasser so schnell wie möglich Schawenis bringen. Hier – nimm meinen Krug. Er hält jede Flüssigkeit frisch.«

Der Jüngling nahm den Krug und wollte die Hütte verlassen. Aber der Medizinmann hielt ihn noch zurück: »Merke dir, daß dein Weg nur dann einen Sinn hat, wenn du Schawenis wirklich von ganzem Herzen liebst, denn nur deine Liebe wird dich an den Quell des Lebenswassers führen.«

Volle drei Tage war der Jüngling schon in der Wüste umhergeirrt, ohne auch nur die geringste Spur von dem Wasser des Lebens entdeckt zu haben. Nichts als glühende Sanddünen boten sich seinen suchenden Augen. Einigemal hatte er schon geglaubt, den kühlenden Quell vor sich zu sehen, aber wenn er dann näher trat, mußte er erkennen, daß ihn seine Sinne genarrt hatten.

47

Am dritten Tag fiel er vor Erschöpfung in den Sand und schlief ein. Während des Schlafes kamen Fieberträume über ihn, in denen ihm das Bild der schönen Schawenis erschien. Mit lieblichem Lächeln sang sie ihm ein Lied, das wie das Murmeln eines fernen Bächleins klang.

Da erwachte er. Er sprang auf und blickte um sich. Von Schawenis war nichts zu sehen, nur die heiße Wüste dehnte sich vor seinen Augen. Aber das Rauschen des Baches war noch immer zu hören, ja es schien sogar immer deutlicher zu werden.

Da fiel es ihm ein: Die Quelle ist unter der Erde. Er scharrte den Sand weg und stieß auf Gestein. Doch er fühlte sich so schwach, daß er die Hoffnung, jemals zu dem Wasser vorzudringen, gänzlich aufgeben mußte. Trotzdem machte er noch einen letzten Versuch. Er wälzte ein großes Felsstück beiseite, und da sprang ihm plötzlich ein starker Wasserstrahl entgegen. Kaum hatte er sich das Gesicht gewaschen, spürte er, wie ihm das Blut mit neuer Kraft durch die Adern strömte. Und gleich darauf merkte er, daß ein noch größeres Wunder geschehen war. Das heilkräftige Wasser hatte die Narben in seinem Gesicht so geglättet, daß auch nicht die geringste Spur davon zurückgeblieben war. Er füllte den Krug des Medizinmannes mit dem Lebenswasser und eilte, so schnell er konnte, in das Pueblo zurück.

Schawenis lag im Sterben. Sie war überzeugt, daß der Jüngling die wundertätige Quelle nicht gefunden hatte und sie nun bald in das Reich der Schatten wandern müsse. Nur noch ein letzter Wunsch war ihr geblieben: von dem Narbigen Abschied nehmen zu können. Sie wartete und wartete, und als er endlich kam, setzte sie sich auf ihrem Lager auf, um ihm ihre letzten Worte zu sagen. Aber der Jüngling setzte ihr den Krug an die Lippen.

Schon der erste Schluck gab Schawenis ihre Kräfte zurück.
Sie verließ das Krankenlager und dankte ihrem Retter mit ei-

nem liebevollen Lächeln. Da bemerkte sie, daß die Narben in seinem Gesicht spurlos verschwunden waren.

»Auch ihm hat das Wasser des Lebens geholfen«, sagte der Medizinmann, der sich bis jetzt im Hintergrund gehalten hatte, und trat zu dem jungen Paar. »Schawenis liebt dich«, sprach er zu dem Jüngling, »und ich weiß, daß ihr miteinander glücklich sein werdet. Aber um eines bitte ich euch: Laßt niemals den Hochmut die Herrschaft über eure Herzen gewinnen!«

Nach diesen Worten drehte sich der Medizinmann um und verließ das Haus.

Märchen der Indianer (geringfügig bearbeitet)

Wie sich das Feuer an einem lebendigen Herzen entzündete

Diese Geschichte soll sich vor langer, langer Zeit zugetragen haben. Sie trug sich zu in einer Siedlung mit sieben Tschums, in denen sieben Familien lebten.

Eines Tages trafen sich alle Männer, um auf die Jagd zu gehen. Sie machten sich auf den Weg. Nur die Frauen und Kinder blieben im Lager zurück.

Drei Tage lebten sie allein, und alles war gut. Am dritten Tag aber, gegen Abend, geschah etwas. In einem der Tschums wollte die Frau Essen bereiten. Sie warf reichlich Holz in den Herd und hängte den Kessel mit Rentierfleisch über das Feuer. Dann setzte sie sich mit ihrem kleinen Sohn nahe dazu. Das Kind lachte auf ihren Knien, und die Frau lächelte ihm zu.

Plötzlich knackte ein Scheit, Funken stoben aus dem Herd, und ein Funke flog dem Kind auf die Hand. Das Kind begann zu weinen. Die Frau machte dem Feuer Vorwürfe: »Warum tust du das? Ich füttere dich mit Holz und versorge dich, und du fügst meinem Kind Schmerzen zu.«

Das Kind erschrak ob der heftigen Worte seiner Mutter und weinte noch lauter. Die Frau trug es durch das Tschum und wiegte es auf den Armen, doch es gab keine Ruhe. Vor Mitleid und Ärger versetzte die Mutter dem Kind einen Klaps. Da geriet das Kind ganz außer sich. Die Frau hätte sich selbst die Schuld geben sollen, aber sie war auf das Feuer böse.

»Da siehst du, was du angerichtet hast!«, schrie sie. »Jetzt bekommst du kein Holz mehr, ich werde dich auseinanderschlagen und mit Wasser begießen.«

Sie legte das Kind in die Wiege und griff nach der Axt. Damit schlug sie auf das Feuer ein. Dann schöpfte sie einen Krug voll Wasser und goß es in den Herd. Zischend erlosch das Feuer.

»Das hast du davon, meinen Sohn zu erschrecken!«, sagte die Frau. »Nun ist kein Flämmchen, kein Fünkchen mehr von dir übrig!«

Das Feuer brannte nicht mehr. Im Tschum wurde es dunkel und kalt. Das Kind weinte kläglich. Es fror.

Da besann sich die Frau. Sie beugte sich über den Herd, scharrte die Asche auseinander. Aber sie hatte selbst gesagt, kein Fünkchen sei übriggeblieben. So war es auch. Der Sohn weinte und weinte.

Ich werde ins Nachbarzelt laufen, Feuer holen und den Herd wieder anzünden, dachte die Mutter. Sie rannte los. Kaum aber trat sie bei den Nachbarn ein, da zuckte auch dort im Herd das Feuer und sank in sich zusammen. Die letzte blaue Flamme ließ ein Rauchwölkchen aufsteigen und erlosch.

Die Frau lief zu den anderen Nachbarn. Kaum aber öffnete sie die Tür, da erlosch auch bei ihnen das Feuer. Sie trat gar nicht erst ein, sondern schloß gleich wieder die Tür. So ging sie durch die ganze Siedlung und überall erlosch das Feuer. Nun brannte es nur noch im letzten Tschum.

Hier aber wohnte eine Greisin, die war schon lange auf der Welt. Sie wußte viel, hatte viel gesehen. Die Frau stand vor ihrem Tschum und fürchtete sich einzutreten. Doch was sollte sie tun? Ihr kleiner Sohn würde noch erfrieren. Sie trat ein. Das Feuer loderte qualmend auf und erlosch. Die Frau brach in Tränen aus. Die Greisin scharrte die Asche auseinander und suchte, ob nicht noch ein glimmendes Kohlestück übriggeblieben sei. Sie fand jedoch kein Fünkchen. Das Herdloch war kalt und schwarz.

»So etwas hat es noch nie gegeben«, sagte die Greisin. »Ich hüte mein Feuer gut und füttere es reichlich. Wenn ich zu Bett gehe, decke ich die Glut mit Asche zu. Warum ist das Feuer erloschen? Bist am Ende du daran schuld, du kalte Unke? Hast du vielleicht das Feuer in deinem Herd beleidigt?«

Die Frau ließ den Kopf hängen und schwieg.

»So ist das also«, sagte die Greisin. »Was machen wir jetzt? Wir wollen in dein Tschum gehen und nachschauen.«

Beide verließen das Tschum und gingen durch die Siedlung. Überall war es still und dunkel. Es war, als hätten die Menschen sie verlassen, als wäre sie ausgestorben.

Im Tschum der Frau hatte sich das Kind müde geweint, es konnte nicht mehr schreien. Die Greisin nahm ein Stück harziges Holz und versuchte Feuer zu reiben. Lange mühte sie sich ab, doch kein Feuer flammte auf.

Da ließ die Alte die müden Hände sinken und sagte zu der Frau: »Heilig ist das Feuer im Herd, es gibt uns allen Leben. Es leuchtet, wärmt und nährt. Wenn das Feuer erlischt, ist es, als wäre die Sonne erloschen. Wir müssen frieren und eines bösen Todes sterben.«

Die Greisin kniete nieder, und da sah sie die Herrin des Feuers in einem Herdwinkel sitzen. Ihre Kleidung war grau wie

Asche, ihre Haut schimmerte wie aschebedeckte Kohlenglut.

Die Herrin des Feuers wiegte sich vor und zurück und sagte zu der Greisin: »Gib dir keine Mühe! Ihr werdet kein Feuer mehr haben. Die Frau hat mich gar zu sehr beleidigt. Sie hat mir die Axt ins Gesicht geschlagen, sie hat mir Wasser in die Augen gegossen, sie hat böse Worte gerufen!«

Die Greisin verlegte sich aufs Bitten: »Zürne uns nicht, Herrin des Feuers! Erbarme dich unser! Diese dumme Frau ist schuld, die anderen können nichts dafür.«

Die Herrin des Feuers schüttelte den Kopf, und ihre Haare umwallten sie wie blauer Rauch. Noch einmal flehte die Greisin: »Sage uns, was wir tun müssen, damit wieder Feuer in den Herden brennt. Wir werden alles ausführen, was du uns befiehlst.«

Die Herrin des Feuers antwortete: »Ich nicht und ihr nicht, niemand hat die Worte oder die Kraft, das Feuer wieder brennen zu machen wie zuvor. Nur ein Menschenherz kann es erneut entzünden.«

Die junge Frau saß da, drückte ihr Kind an die Brust und weinte.

Die Greisin sagte zu ihr: »Siehst du nun, was du angerichtet hast? Alle sieben Familien müssen wegen dir unvernünftigem Weib zugrunde gehen! Jäger, so kühn wie ergrimmte Bären und stark wie Elche, werden sterben. Fleißige Frauen werden an ihrem kalten Herd hinsiechen. Kleine Kinder, alte Männer und Frauen, alle werden umkommen. Es gibt kein Leben ohne Feuer.«

Die Tränen der Frau waren getrocknet. Sie stand auf, gab das Kind der Greisin und sagte: »Behüte es gut!«

Und sie stürzte sich auf die Herdsteine. Die Herrin des Feuers legte ihr die Hand aufs Herz. Sogleich stieg eine Flamme empor. Das Feuer brodelte und bullerte im Herd. Die Greisin sah noch die Herrin des Feuers die Frau in ihre Flammenarme nehmen und mit den Funken durch die Rauchöffnung verschwinden.

Da sprach die Greisin: »Von diesem Tschum wird die Legende ausgehen, wie sich das Feuer an einem lebendigen Herzen entzündete. Für alle Zeiten werden sich die Selkupen an das erinnern, was in unserer Siedlung geschah. Sie werden das Feuer im Herd hüten!«

Märchen aus Sibirien

3. Wohin geht der Mensch?

Wie das Leben
durch die Welt wanderte

Eines Tages begab sich das Leben auf die Wanderschaft durch die Welt. Es ging und ging, bis es zu einem Menschen kam. Der hatte so geschwollene Glieder, daß er sich kaum rühren konnte.

»Wer bist du?«, fragte der Mann.

»Ich bin das Leben.«

»Wenn du das Leben bist, so kannst du mich vielleicht gesund machen,«, sprach der Kranke.

»Ich will dich heilen«, sagte das Leben. »Aber du wirst mich und deine Krankheit bald vergessen.«

»Wie könnte ich euch vergessen!«, rief der Mann aus.

»Gut. Ich will in sieben Jahren wiederkommen. Dann werden wir ja sehen«, meinte das Leben. Es bestreute den Kranken mit Staub vom Wege. Kaum war das geschehen, ward der Mann gesund.

Dann zog das Leben weiter und kam zu einem Leprakranken.

»Wer bist du?«, fragte der Mann.

»Ich bin das Leben.«

»Das Leben?«, sagte der Kranke. »Da könntest du mich ja gesund machen.«

»Das könnte ich«, erwiderte das Leben. »Aber du wirst mich und deine Krankheit bald vergessen.«

»Ich vergesse euch bestimmt nicht«, versprach der Kranke.

»Nun, ich will in sieben Jahren wiederkommen, dann werden wir ja sehen«, sprach das Leben. Es bestreute den Mann mit Staub vom Wege, und der Kranke ward sogleich gesund.

Wieder begab sich das Leben auf die Wanderschaft. Nach vielen Tagen kam es schließlich zu einem Blinden.

»Wer bist du?«, fragte der Blinde.

»Das Leben.«

»Ach, das Leben!«, rief der Blinde erfreut. »Ich bitte dich, gib mir mein Augenlicht wieder!« »Das will ich tun. Aber du wirst mich und deine Blindheit bald vergessen.« »Ich werde euch bestimmt nicht vergessen«, versprach der Blinde.

»Nun gut, ich will in sieben Jahren wiederkommen, dann werden wir ja sehen«, sagte das Leben, bestreute den Blinden mit Staub vom Wege, und der Mann konnte wieder sehen.

Als sieben Jahre vergangen waren, zog das Leben wieder in die Welt. Es verwandelte sich in einen Blinden und ging zuerst zu dem Menschen, dem es das Augenlicht wiedergegeben hatte.

»Bitte, laß mich bei dir übernachten«, bat das Leben. »Was fällt dir ein?«, schrie der Mann es an. »Scher dich weg! Das fehlte mir gerade noch, daß sich hier jeder Krüppel breitmacht.« »Siehst du«, sagte das Leben. »Vor sieben Jahren warst du blind. Damals habe ich dich geheilt. Und du versprachst, deine Blindheit und mich niemals zu vergessen.« Darauf nahm das Leben ein wenig Staub vom Wege, streute ihn auf die Spur dieses undankbaren Menschen. Von Stund an wurde dieser wieder blind.

Dann ging das Leben weiter. Und es gelangte zu dem Menschen, den es vor sieben Jahren von der Lepra befreit hatte. Das Leben verwandelte sich in einen Leprakranken und bat um Obdach. »Pack dich!«, schrie der Mann es an. »Du wirst mich noch anstecken!«

»Siehst du,«, sagte das Leben, »vor sieben Jahren habe ich dich von der Leprakrankheit geheilt. Damals hast du versprochen, mich und deine Krankheit nie zu vergessen.« Darauf nahm das Leben ein wenig Staub vom Wege und streute ihn auf die Spur des Mannes. Im selben Moment wurde der Mann wieder von der Leprakrankheit befallen.

Schließlich verwandelte sich das Leben in einen Menschen, dessen Glieder so geschwollen waren, daß er sich kaum rühren konnte. So besuchte es jenen Mann, den es vor sieben Jahren zuerst geheilt hatte.

»Könnte ich bei dir übernachten?«, fragte ihn das Leben.

»Gern. Komm nur weiter«, lud der Mann das Leben ein. »Setz dich, du Armer. Ich will dir etwas zu essen machen. Ich weiß recht gut, wie dir zumute ist. Einst hatte ich ebensolche geschwollenen Glieder. Gerade ist es sieben Jahre her, als das Leben hier vorüberkam und mich gesund machte. Damals sagte es, daß es nach sieben Jahren wiederkommen wolle. Warte hier, bis es kommt. Vielleicht wird es auch dir helfen.« »Ich bin das Leben«, sagte das Leben. »Du bist der einzige von allen, der weder mich noch seine Krankheit vergessen hat. Deshalb sollst du auch immer gesund bleiben.«

Als es sich dann von dem guten Mann verabschiedete, sagte es noch: »Ständig wandelt sich das Leben. Oft wird aus Glück Unglück. Not verwandelt sich in Reichtum, und Liebe kann in Haß umschlagen. Kein Mensch sollte das jemals vergessen.«

Märchen aus Afrika

Der weise Kaiser Suleiman

Man erzählt sich, als der weise Kaiser Suleiman alt geworden war, sei der Herrscher der bösen Geister zu ihm gekommen und habe gesagt: »O Kaiser, nimm diese Zauberschale mit dem Wasser des Lebens. Trinke einen Schluck davon, und du wirst die Unsterblichkeit besitzen.«

Doch der alte Kaiser Suleiman war weise und daher vorsichtig. Und so befahl er, man möge die ersten drei, die an seinem Palast vorübergingen, vor ihn führen.

Bald standen ein berühmter Krieger, ein reicher Händler und ein armer Bauer vor ihm.

Suleiman fragte den berühmten Krieger:

»Sag mir, werde ich glücklich sein, wenn ich vom Wasser des Lebens getrunken habe?«

Der Krieger antwortete:

»Ja, du wirst glücklich sein! Tausend und aber tausend Jahre wirst du leben und Zeit haben, das ganze Land zu erobern. Ist es nicht ein großes Glück, unterworfene Völker um sich zu sehen?«

Dann fragte der Kaiser den reichen Händler:

»Sage du mir, werde ich glücklich, wenn ich vom Wasser des Lebens getrunken habe?«

Der Händler erwiderte:

»Ja, du wirst glücklich sein! Du wirst tausend und aber tausend Jahre leben, und mit jedem Jahr wird dein Reichtum sich mehren. Und ist es nicht ein großes Glück, zu sehen, wie man reicher und reicher wird?«

Zuletzt fragte der Kaiser den armen Bauern:

»Sage mir, werde ich glücklich sein, wenn ich vom Wasser des Lebens getrunken habe? Sprachen der Krieger und der Händler wirklich die Wahrheit?«

Der Bauer entgegnete:

»O Kaiser! Der Krieger und Händler haben dir nur die halbe Wahrheit gesagt. Warum du glücklich sein wirst, haben sie dir erklärt, sie verschwiegen dir aber, warum du unglücklich sein wirst.«

»Was redest du da, Dummkopf?«, riefen wie aus einem Munde der Krieger und der Händler. »Wie könnte ein Kaiser, der die Unsterblichkeit erlangt hat, unglücklich sein?«

»Höre mich an, weiser Herrscher«, sagte der Bauer. »Du trinkst einen Schluck vom Wasser des Lebens und erlangst ewiges Leben. Es kommt aber die Stunde, da stirbt die Frau, die du liebst. Du aber lebst und siehst, wie dein Reichtum sich mehrt. Und deine geliebten Kinder sterben auch. Du aber lebst und freust dich deiner Macht. Und auch deine Kindeskinder werden zu Grabe getragen. Du aber lebst und zählst deine Schätze. All deine Freunde, deine treuen Diener sterben vor deinen Augen. Du aber wirst leben. Und der Tag wird kommen, da du um dich blickst und neben dir weder deine Frau noch deine Kinder, deine Enkel, deine Freunde, deine ergebenen Diener siehst. Das ist das Glück, das dich erwartet, du, unser weiser Herrscher. Und nun trinke, wenn du magst, vom Wasser des Lebens und erwirb dir Unsterblichkeit.«

»Um nichts in der Welt!«, rief Kaiser Suleiman erschüttert aus.

»Um nichts in der Welt! Was nützt es mir, zu leben, wenn meine Kinder nicht um mich sind? Wie kann ich mich an Schätzen weiden, wenn ich meine geliebten Enkel beweinen muß? Und wozu brauche ich Macht, wenn meine Freunde alle tot sind?«

Nachdem der Kaiser das laut ausgerufen hatte, nahm er die Schale und zerschmetterte sie mit aller Kraft am Boden.

Die Erde aber sog den Zaubertrank in sich ein, die Scherben des kostbaren Gefäßes jedoch befahl der Kaiser Suleiman ins Meer zu werfen.

Märchen aus Indonesien

Das Lebenswasser

Lange, lange ist das her; damals färbten sich die Nadeln von Zeder, Fichte und Kiefer noch in jedem Herbst gelb und fielen zum Winter ab.

In jener Zeit war es, da ging eines Tages ein Tofalare auf die Jagd. Lange war er unterwegs. Noch kein Jäger war so weit gegangen. Er kam an einen Sumpf, der war so groß, daß kein Tier ihn überqueren, kein Vogel ihn überfliegen konnte.

»Wenn unsere Tiere nicht hinüberlaufen und unsere Vögel nicht hinüberfliegen können, was mag es dann hinter dem Sumpf für Tiere und Vögel geben?« dachte der Tofalare.

Er war so neugierig, es zu erfahren, daß er es nicht mehr aushalten konnte. »Komme, was da wolle, ich muß dorthin!« Er nahm einen Anlauf und sprang über den Sumpf.

Er schaute sich um – genau solche Erde, genau solches Gras, genau solche Bäume.

»Ich hätte nicht zu springen brauchen!« sagte unser Tofalare zu sich selbst.

Und plötzlich riß er vor Verwunderung den Mund auf.

Auf einer kleinen Lichtung standen gesattelte Hasen. Friedlich standen sie da und warteten. Dann kamen aus Erdhöhlen Menschen zum Vorschein. Sie sahen genauso aus wie unsere Menschen, waren aber ganz klein. Wenn ein Hase die Ohren anlegte, überragten ihn die Menschen, stellte er aber die Ohren auf, so waren die Menschen kleiner als er.

»Wer seid ihr?«, fragte unser Tofalare.

»Wir sind die ewigen Menschen«, antworteten die Menschlein.

»Wir waschen uns nur mit dem Lebenswasser, darum sterben wir nie. Und wer bist du?«

»Ich bin ein Jäger.«

Die Menschlein freuten sich.

»Wie schön!«, riefen sie alle auf einmal.

Eines der Menschlein aber, das älteste wohl mit seinen weißen Haaren, trat hervor und sprach: »In unserem Land ist von irgendwo ein großes schreckliches Tier aufgetaucht. Kürzlich hat es einen der Unsern angefallen und ihm die Kehle durchgebissen. Wir sind ewig und sterben nicht von selbst, das Raubtier aber hat den Mann ermordet. Kannst du uns nicht helfen in unserer Not? Du hast doch selbst gesagt, daß du ein Jäger bist!«

»Warum soll ich euch nicht helfen?«, antwortete der Tofalare, bei sich aber dachte er: »Ob ich mit dem großen schrecklichen Tier fertig werde?«

Er machte sich jedoch auf den Weg.

Lange ging er, doch er fand keine Spuren außer Hasenfährten. Plötzlich aber kreuzte eine Zobelspur seinen Weg. Unsern Tofalaren packte das Jagdfieber.

»Ich werde mir doch nicht so eine Beute entgehen lassen!«, dachte er. »Erst fange ich den Zobel, dann kann ich immer noch nach dem schrecklichen Tier suchen.«

Der Jäger spürte den Zobel auf und tötete ihn. Er zog ihm das Fell ab und ging weiter. Das ganze Land der ewigen Menschen suchte er ab, doch er fand keine einzige Fährte mehr.

Da kehrte er zu den Menschlein zurück und sagte: »Ich habe euer großes Tier nicht gefunden. Nur einen Zobel habe ich erlegt.«

Und er zeigte das Fell vor.

»Das ist es ja! Das ist es!«, schrien die Menschlein. »Oje, welch großes Fell, welch dicke Pfoten und spitze Krallen!«

Das älteste Menschlein mit den weißen Haaren sagte zu unserm Tofalaren: »Du hast ein gutes Werk getan! Wir werden es dir und den Deinen mit Gutem vergelten. Erwarte uns als Gäste, wir bringen euch das Lebenswasser. Wenn ihr Euch damit wascht, werdet ihr auch ewig leben.«

Unser Tofalare sprang wieder über den Sumpf und kehrte in sein Tal zurück. Hier erzählte er seinen Stammesgenossen, was er erlebt hatte.

Nun warteten sie auf Gäste, die ewigen Menschlein.

Ein Tag verging, ein zweiter, ein dritter, viele Tage vergingen, doch die Gäste kamen nicht. Die Tofalaren warteten nicht länger und vergaßen das Versprechen.

Der Winter rückte heran. Alles ringsum war zugefroren, auch der große Sumpf.

Eines Tages gingen die Frauen in den Wald, um Reisig zu holen. Plötzlich sahen sie Hasen, viele Hasen angesprungen kommen. Die Frauen schauten genauer hin – die Hasen waren gesattelt! Und auf jedem Hasen saß ein kleines Menschlein und hielt einen winzigen Krug in der Hand. Das kam den Frauen komisch vor, und sie mußten lachen.

»Seht nur, seht nur!«, riefen sie einander zu.

»Die reiten auf Hasen!«

»Und wie sie selber aussehen!«

»So was Putziges!«

»Oh, ich sterbe vor Lachen!«

Die ewigen Menschen waren gekränkt. Der vorderste, ein weißhaariger Greis, rief den Frauen etwas zu. Dann schütteten alle Menschlein das Wasser aus den Krügen auf die Erde und wendeten die Hasen. Die Hasen sprengten zurück, nur ihre hellen Schwänzchen waren noch zu sehen.

So geschah es, daß die Tofalaren das Lebenswasser nicht bekamen. Vielmehr wurden Zeder, Kiefer und Fichte damit getränkt. Seither grünen sie das ganze Jahr, und ihre Nadeln fallen niemals ab.

Märchen aus Sibirien

Der Tod und der Gänsehirt

Einmal kam der Tod über den Fluß, wo die Welt beginnt. Dort lebte ein armer Hirt, der eine Herde weißer Gänse hütete.

»Du weißt, wer ich bin, Kamerad?«, fragte der Tod.

»Ich weiß, du bist der Tod. Ich habe dich auf der anderen Seite hinter dem Fluß oft gesehen.«

»Du weißt, daß ich hier bin, um dich zu holen und dich mitzunehmen auf die andere Seite des Flusses.«

»Ich weiß. Aber das wird noch lange sein.«

»Oder wird nicht lange sein. Sag, fürchtest du dich nicht?«

»Nein«, sagte der Hirt. »Ich habe immer über den Fluß geschaut, seit ich hier bin, ich weiß, wie es dort ist.«

»Gibt es nichts, was du mitnehmen möchtest?«

»Nichts, denn ich habe nichts.«

»Nichts, worauf du hier noch wartest?«

»Nichts, denn ich warte auf nichts.«

»Dann werde ich jetzt weitergehen und dich auf dem Rückweg holen. Brauchst du noch etwas, wünscht du dir noch was?«

»Brauche nichts, hab' alles«, sagte der Hirt. »Ich habe eine Hose und ein Hemd und ein Paar Winterschuhe und eine Mütze. Ich kann Flöte spielen, das macht lustig. Meine Gänse verstehn nicht viel von Musik.«

Als dann der Tod nach langer Zeit wiederkam, gingen viele hinter ihm her, die er mitgebracht hatte, um sie über den Fluß zu führen. Da war ein Reicher dabei, ein Geizhals, der zeit seines Lebens wertvolles und wertloses Zeug an sich gerafft hatte: Klamotten, auch Gold und Aktien und fünf Häuser mit etlichen Etagen.

Der Mann jammerte und zeterte: »Noch fünf Jahre, nur noch fünf Jahre hätte ich gebraucht, und ich hätte noch fünf Häuser mehr gehabt. So ein Unglück, so ein Unglück verfluchtes!« Das war schlimm für ihn.

Ein Rennfahrer war unter ihnen, der zeit seines Lebens trainiert hatte, um den großen Preis zu gewinnen. Fünf Minuten hätte er noch gebraucht bis zum Sieg. Da erwischte ihn der Tod.

Ein Berühmter war dabei, dem ein Orden gefehlt hatte, nur ein einziger Orden, für den er Jahre aufgewendet hatte, da holte ihn der Bruder Tod. Das war schlimm für ihn.

Dann war da ein junger Mensch, der hatte an seiner Braut gehangen, denn sie waren ein Liebespaar gewesen, und keiner konnte ohne den anderen leben.

Ein schönes Fräulein war dabei mit langen Haaren. Und viele Reiche, die jetzt nichts mehr besaßen, und noch mehr Arme, die jetzt auch nicht das besaßen, was sie gerne hätten haben wollen. Ein alter Mann war freiwillig mitgegangen. Aber auch er war nicht froh, denn siebzig Jahre waren vergangen, ohne daß er das bekommen hatte, was er hatte haben wollen. Schlimm für sie alle.

Als sie an den Fluß kamen, wo die Welt aufhört, saß dort der Hirt. Und als der Tod ihm die Hand auf die Schulter legte, stand er auf, ging mit über den Fluß, als wäre nichts, und die andere Seite hinter dem Fluß war ihm nicht fremd. Er hatte Zeit genug gehabt, hinüberzuschauen, er kannte sich hier aus, und die Töne waren noch da, die er immer auf der Flöte gespielt hatte; er war sehr fröhlich. Das war schön für ihn.

Was mit den Gänsen geschah? Ein neuer Hirt kam.

Janosch

Feuer und Leben

Es ist schon sehr lange her, und man kann sich kaum noch daran erinnern. Damals mußten die Menschen sterben wie heute. Und sie wurden begraben wie heute. Aber dann erwachten sie unter der Erde wieder zum Leben. Sie gruben sich aus, und sobald sie an einem Feuer saßen, wich die Todeskälte von ihnen. Sie waren wieder jung und gesund.

Es geschah in einer Zeit, als der Tod nichts weiter war als ein vorübergehender Schlaf. Damals wohnte auf der Insel eine alte Frau. Als sie eines Tages starb, legten ihre Angehörigen sie ins

Grab. Die Frau kehrte ins Bewußtsein zurück, stieß die lockere Erde zur Seite und stieg empor. Neben dem Grab wartete sie, bis jemand vorüberkam.

Da lief ein kleines Mädchen vorbei. Die alte Frau winkte. »Warte, Kind!«, rief sie.

Das Mädchen blieb stehen und blickte die alte Frau fragend an.

»Willst du mir nicht einen Gefallen tun?«, fragte die Frau.

Das Mädchen blieb stumm. Es sah nur immer auf die Frau, die neben ihrem Grab hockte und mit ihren dürren Fingern winkte. Die Frau sagte: »Hol mir, bitte, ein wenig Feuer, damit ich mich daran wärmen kann.«

»Ich will nicht«, entgegnete das Mädchen störrisch.

»Tu's mir zuliebe«, bat die Frau. »Wenn ich mich nicht wärmen kann, muß ich wieder sterben.«

»Dann stirb!«, sagte das selbstsüchtige Kind abweisend. Denn es wollte spielen gehen und hatte keine Lust, seine Zeit mit Feuerholen zu vertrödeln.

Die Frau weinte. Es waren dürre Tränen, die wie winzige weiße Kieselsteine zu Boden perlten. »Warum bist du so hartherzig?«, schluchzte die Frau. »Willst du, daß ich ewig frieren soll?«

Das Mädchen zögerte. Dann drehte es sich um und lief davon. Die alte Frau erstarrte. Sie hob noch einmal die Hand, um zu winken.

»Warte!«, rief sie. »Lauf nicht fort!«

Aber das Kind verschwand im Gebüsch. Da ging ein Zucken durch den Körper der alten Frau. Sie wand sich wie in Krämpfen, ihre Augen verloren allen Glanz. Sie fiel um und war endgültig tot.

Seitdem können die Menschen, wenn sie erst einmal im Grab liegen, nicht wieder erwachen. Das Feuer kann sie nicht mehr erwärmen, sondern nur noch verbrennen.

Stein und Bambus

Ein Kind kam vorüber. Ein Stein lag am Weg. Das Kind hob ihn auf und warf ihn in die Luft. Der Stein fiel neben einer Bambusstaude herunter. Als das Kind vorbeiging, streifte es den Bambus, bog ihn nieder und ließ ihn zurückschnellen. Der Bambus seufzte ein wenig. Das Kind ging weiter.

»Wer bist du?«, fragte die Bambusstaude den Stein. »Kommst du vom Himmel?«

»Ich bin der Stein«, antwortete er. »Ich komme nicht vom Himmel, sondern aus der Erde. Das Kind hat mich in die Luft geschleudert.«

Die Bambusstaude sagte: »Hast du auch Kinder?«

Der Stein brummte. »Ich brauche keine Kinder, weil ich nicht sterben muß. Darüber ärgern sich die Menschen. Es wäre besser, wenn ihr Leben so wäre wie meines.«

Die Bambusstaude dachte nach. Dann schüttelte sie den Kopf. »Das ist nicht gut. Das Menschenleben müßte wie meines sein.«

»Mußt du sterben?«

Die Bambusstaude nickte. Sie bewegte sich hin und her. Wind war aufgekommen. Er peitschte die Bambusstaude. Sie dukkte sich. »Ja, ich muß sterben.«

»Ich lebe ewig«, entgegnete der Stein stolz. »Ich kümmere mich nicht um Wind und Wetter, um Hitze und Kälte. Sie tun mir nichts. Ich empfinde sie gar nicht. Ich fühle keinen Schmerz und sorge mich um nichts. Ich gebe nichts und nehme nichts. Ich bin ich. So sollte das Menschenleben sein!«

Ein großer Ararauna-Papagei flatterte herbei und setzte sich auf die Bambusstaude, die sich unter der schweren Last neigte. Die Regentropfen bedeckten das blaue Gefieder des Vogels wie mit winzigen Perlen. Die Bambusstaude seufzte: »Ich spüre den Regen und den Wind«, sagte sie. »Ich spüre die Hitze und die Kälte. Ich beuge mich, aber ich richte mich dann wieder auf. Ich sauge mit meinen Wurzeln Kraft aus der Erde. Ich bin klein und wachse. Ich bin schwach und werde stark. Eines Tages kommen die Menschen und schneiden mich ab. Oder ich verfaule.«

»Dann bist du tot«, sagte der Stein.

»Ja, dann bin ich tot. Aber ehe ich sterbe, bekomme ich Kinder. Sie leben weiter. Sie werden wieder Kinder haben, die sich weiter ausbreiten. So geht es fort. Ich lebe in meinen Kindern. Ich meine, daß es besser ist für die Menschen, wenn ihr Leben dem meinen gleicht.«

Der Stein begriff es nicht. Er hielt starr an seiner Meinung fest, aber er wußte nichts mehr zu sagen. Da kam das Kind zurück. Der Papagei flatterte auf. Das Kind warf den Stein in den Bach. Dann schnitt es den Bambusschößling ab und machte sich daraus einen Stock.

Das Leben der Menschen gleicht dem Bambus.

Märchen aus Brasilien

Der Gevatter Tod

Es hatte ein armer Mann zwölf Kinder und mußte Tag und Nacht arbeiten, damit er ihnen nur Brot geben konnte. Als nun das dreizehnte zur Welt kam, wußte er sich in seiner Not nicht zu helfen, lief hinaus auf die große Landstraße und wollte den ersten, der ihm begegnete, zum Gevatter bitten. Der erste, der ihm begegnete, das war der liebe Gott, der wußte schon, was er auf dem Herzen hatte und sprach zu ihm: »Armer Mann, du dauerst mich, ich will dein Kind aus der Taufe heben, will für es sorgen und es glücklich machen auf Erden.« Der Mann sprach: »Wer bist du?« – »Ich bin der liebe Gott.«

– »So begehr ich dich nicht zum Gevatter«, sagte der Mann, »du gibst dem Reichen und lässest den Armen hungern.« Das sprach der Mann, weil er nicht wußte, wie weislich Gott Reichtum und Armut verteilt. Also wendete er sich von dem Herrn und ging weiter. Da trat der Teufel zu ihm und sprach: »Was suchst du? Willst du mich zum Paten deines Kindes nehmen, so will ich ihm Geld in Hülle und Fülle und alle Lust der Welt dazugeben.« Der Mann fragte: »Wer bist du?« – »Ich bin der Teufel.« – »So begehr ich dich nicht zum Gevatter«, sprach der Mann, »du betrügst und verführst die Menschen.« Er ging weiter, da kam der dürrbeinige Tod auf ihn zugeschritten und sprach: »Nimm mich zum Gevatter.« Der Mann fragte: »Wer bist du?« – »Ich bin der Tod, der alle gleich macht.« Da sprach der Mann: »Du bist der Rechte, du holst den Reichen wie den Armen ohne Unterschied, du sollst mein Gevattersmann sein.« Der Tod antwortete: »Ich will dein Kind reich und berühmt machen, denn wer mich zum Freunde hat, dem kann's nicht fehlen.« Der Mann sprach: »Künftigen Sonntag ist die Taufe, da stelle dich zu rechter Zeit ein.« Der Tod erschien, wie er versprochen hatte, und stand Gevatter.

Als der Knabe zu Jahren gekommen war, trat zu einer Zeit der Pate ein und ließ ihn mitgehen. Er führte ihn hinaus in den Wald, zeigte ihm ein Kraut, das da wuchs, und sprach: »Jetzt sollst du dein Patengeschenk empfangen. Ich mache dich zu einem berühmten Arzt. Wenn du zu einem Kranken gerufen wirst, so will ich dir jedesmal erscheinen – steh ich zu Häupter des Kranken, so kannst du keck sprechen, du wolltest ihn wieder gesund machen und gibst du ihm dann von jenem Kraut ein, so wird er genesen; steh ich aber zu Füßen des Kranken, so ist er mein, und du mußt sagen, alle Hilfe sei umsonst, und kein Arzt der Welt könne ihn retten. Aber hüte dich, daß du das Kraut nicht gegen meinen Willen gebrauchst, es könnte dir schlimm ergehen.«

Es dauerte nicht lange, so war der Jüngling der berühmteste Arzt auf der ganzen Welt. »Er braucht den Kranken nur anzusehen, so weiß er schon, wie es steht, ob er wieder gesund wird oder ob er sterben muß«, so hieß es von ihm, und weit und breit kamen die Leute herbei, holten ihn zu den Kranken und gaben ihm so viel Gold, daß er bald ein reicher Mann war.

Nun trug es sich zu, daß der König erkrankte; der Arzt ward berufen und sollte sagen, ob Genesung möglich wäre. Wie er aber zu dem Bette trat, so stand der Tod zu den Füßen des Kranken, und da war für ihn kein Kraut mehr gewachsen. »Wenn ich doch einmal den Tod überlisten könnte«, dachte der Arzt, »er wird's freilich übelnehmen, aber da ich sein Patenkind bin, so drückt er wohl ein Auge zu – ich will's wagen.« Er faßte also den Kranken und legte ihn verkehrt, so daß der Tod zu Häupten desselben zu stehen kam. Dann gab er ihm von dem Kraute ein, und der König erholte sich und ward wieder gesund. Der Tod aber kam zu dem Arzte, machte ein böses und finsteres Gesicht, drohte mit dem Finger und sagte: »Du hast mich hinters Licht geführt – diesmal will ich dir's nachsehen, weil du mein Patenkind bist; aber wagst du das noch einmal, so geht's dir an den Kragen, und ich nehme dich selbst mit fort.«

Bald hernach verfiel die Tochter des Königs in eine schwere Krankheit. Sie war sein einziges Kind, er weinte Tag und Nacht, daß ihm die Augen erblindeten, und ließ bekanntmachen, wer sie vom Tode errette, der solle ihr Gemahl werden und die Krone erben. Der Arzt, als er zu dem Bett der Kranken kam, erblickte den Tod zu ihren Füßen. Er hätte sich der Warnung seines Paten erinnern sollen, aber die große Schönheit der Königstochter und das Glück, ihr Gemahl zu werden, betörten ihn so, daß er alle Gedanken in den Wind schlug. Er sah nicht, daß der Tod ihm zornige Blicke zuwarf, die Hand in die Höhe hob und mit der dürren Faust drohte; er hob die

Kranke auf und legte ihr Haupt dahin, wo die Füße gelegen hatten. Dann gab er ihr das Kraut ein, und alsbald röteten sich die Wangen, und das Leben regte sich von neuem.

Der Tod, als er sich zum zweiten Mal um sein Eigentum betrogen sah, ging mit langen Schritten auf den Arzt zu und sprach: »Es ist aus mit dir, und die Reihe kommt nun an dich«, packte ihn mit seiner eiskalten Hand so hart, daß er nicht widerstehen konnte, und führte ihn in eine unterirdische Höhle. Da sah er, wie tausend und tausend Lichter in unübersehbaren Reihen brannten, einige groß, andere halbgroß, andere klein. Jeden Augenblick verloschen einige, und andere brannten wieder auf, also daß die Flämmchen in beständigem Wechsel hin und her zu hüpfen schienen. »Siehst du«, sprach der Tod, »das sind die Lebenslichter der Menschen. Die großen gehören Kindern, die halbgroßen Eheleuten in ihren besten Jahren, die kleinen gehören Greisen. Doch auch Kinder und junge Leute haben oft nur ein kleines Lichtchen.« – »Zeige mir mein Lebenslicht«, sagte der Arzt und meinte, es wäre noch recht groß. Der Tod deutete auf ein kleines Endchen, das eben auszugehen drohte und sagte: »Siehst du, da ist es.« – »Ach, lieber Pate«, sagte der erschrockene Arzt, »zündet mir ein neues an, tut's mir zuliebe, damit ich meines Lebens genießen kann, König werde und Gemahl der schönen Königstochter.« – »Ich kann nicht«, antwortete der Tod, »erst muß eines verlöschen, eh ein neues anbrennt.« – »So setzt das alte auf ein neues, das gleich fortbrennt, wenn jenes zu Ende ist«, bat der Arzt. Der Tod stellte sich, als ob er seinen Wunsch erfüllen wollte, langte ein frisches großes Licht herbei – aber weil er sich rächen wollte, versah er's beim Umstecken absichtlich, und das Stückchen fiel um und verlosch. Alsbald sank der Arzt zu Boden und war nun selbst in die Hände des Todes geraten.

Brüder Grimm

4. Was die Welt zusammenhält

Der Prinz, das Mädchen, das Basilikum und die Sterne

Also, es war einmal in den alten, alten Zeiten ein König, der einen Sohn besaß. Dieser Sohn stieg täglich auf das flache Dach des Palastes, um sich die Gegend anzuschauen. Eines Tages bemerkte er auf einem Nachbardache ein sehr hübsches Mädchen, das seine Blumen begoß. Da kam ihm der Einfall, dieses schöne Mädchen zum Zeitvertreib anzurufen. Obwohl er dachte, das Mädchen müsse sehr dumm und einfältig sein, fand er nicht sogleich den Mut, ein Gespräch anzuknüpfen, sondern ging leise wieder vom Dach hinunter.

Als er sich am nächsten Tag wieder auf das Dach begab, stand die Schöne schon auf dem ihren und begoß die Blumen. Da nahm der Prinz seinen Mut zusammen und rief: »Immer bespritzt und begießt du deine Blumen und weißt doch nicht, wie viele Blättlein das Basilikum hat!« Und er freute sich sehr, einen so schweren Rätselspruch gefunden zu haben. Unsere Schöne aber antwortete schlagfertig: »Immer liest du und schreibst du und weißt doch nicht, wieviel Sterne das hohe Himmelszelt hat.« Da konnte er nicht antworten, und sie lachte ihn aus, gab ihm aber eine Nacht Bedenkzeit. Sein Herz ergrimmte über das böse, kluge Mädchen, dann ging er vom Dache hinab, konnte aber die ganze Nacht nicht schlafen.

Als er am andern Tag wieder auf das Dach kam, lachte das Mädchen schon von vornherein. Der Prinz aber sprach: »Jetzt will ich ein neues Rätsel!« Da lachte die Schöne noch mehr und gab ihm das erste Rätsel nochmals auf, indem sie sprach: »Was willst du ein neues Rätsel, ohne das erste gelöst zu haben?« Wieder erzürnte er sich sehr über ihre Überlegenheit, und das Blut stieg ihm in den Kopf. Aber es half alles nichts, er vermochte das Rätsel nicht zu lösen.

Als das Mädchen ihm am dritten Tag wieder dasselbe Rätsel aufgab und sich dabei vor Ausgelassenheit gar nicht fassen konnte, beschloß er, es zu heiraten – doch nicht, weil er eine Frau haben wollte, nein – er wollte das Mädchen töten. Und er rief dem Mädchen laut zu: »Du mußte meine Frau werden, denn du gefällst mir!« Das Mädchen lachte und antwortete: »Ach geh! Du bist ein Prinz und ich bloß ein armes Wesen. Frag nur meine Mutter!« Da ging der Prinz hin und bat ihre Mutter um die Hand der schönen Tochter.

Aber die Mutter schien die Ursache seiner Bitte zu ahnen, denn sie versetzte trocken: »Nein! Du würdest meine Tochter doch nur töten! Du bist ihr gram, weil sie dir in Weisheit und Schlagfertigkeit über ist. Das ist schlimm, denn der Mann soll die Frau an Verstand übertreffen. Du würdest sie töten.« – »Nein, töten würde ich sie nicht.« – »Aber du würdest ihr das Leben sauer machen – du hast ein Rad zuwenig im Kopfe. Quälen würdest du sie, die Arme!« – »Nein, ich würde sie nicht quälen!« – »Ja, aber deine Eltern müßten auch noch befragt werden. Ich will nicht, daß meine Tochter schief an-gesehen werde!« – »Du kannst dich ja bei meinen Eltern er-kundigen, der Palast ist ja nicht weit von hier.« – »Gut.« – »Willst du sie mir dann also als Braut geben?« – »Nein! Denn sie würde an deiner Seite kein Glück haben.« Da ergrimmte der ungestüme Prinz sehr und rief: »Dein Kopf wird mir für deine unvernünftige Widerspenstigkeit büßen! Abschlagen lasse ich ihn dir! Dann ist deine Tochter in meinen Händen!« Die arme Mutter erschrak da gar sehr und entgegnete schließ-lich: »Gut, wenn deine Eltern einverstanden sind, so sollst du meine Tochter haben.«

Dann ging die Mutter des Mädchens in den Palast, um mit den Eltern des Prinzen zu sprechen. Als sie eintrat, erblickte sie den König und die Königin, die sich gerade mit einem ihrer Diener über eine ernsthafte Sache besprachen, und sofort fühlte sie Angst im Herzen. Aber da blickte der Diener sie freundlich an und führte sie vor den Thron, und nun konnte sie sprechen, soviel sie wollte. Der König und die Königin hörten ihr aufmerksam zu und antworteten dann: »Unser Sohn kann deine Tochter heiraten, er darf sie auch ruhig hierher in den Palast bringen.« Die Mutter fühlte etwas wie Furcht, als sie die unerwartete Antwort vernahm. Sie hatte immer noch Angst um das Leben ihrer Tochter, aber sie wagte nichts zu sagen. So ging sie denn nach Hause und überbrachte die Botschaft des Königs ihrer Tochter.

Der Prinz bestimmte den Tag der Hochzeit, und bald darauf wurde mit großem Gepränge die Vermählung gefeiert. Nachdem das junge Paar das Hochzeitsmahl eingenommen hatte, sprach der Prinz zu seiner jungen Braut: »Geh du nur schon allein voraus ins Schlafzimmer! Warte nicht auf mich, sondern schlafe ruhig, weil ich wohl erst spät in der Nacht kommen werde.« Die junge Frau ging also allein ins Schlafzimmer, legte sich aber nicht ins Bett, sondern unter das Bett. In das Bett aber legte sie eine sehr schöne Puppe, die gerade wie ein Mensch aussah und Brautwäsche trug.

Nach einigen Stunden kam der Bräutigam, und als er die schöne Braut schlafen sah, lachte er und sprach: »So! Jetzt kommt die Rache für das schwierige Rätsel!« Und mit diesen Worten zog er das Schwert und schlug der vermeintlichen Braut den Kopf ab. Aber gleich darauf überkam ihn die Verzweiflung, denn er hatte das schöne Mädchen eigentlich doch recht liebgehabt. Voller Verzweiflung wollte er nun auch sich selbst ins Schwert stürzen. Im gleichen Augenblick aber griff die Braut unter dem Bett hervor und hielt das Schwert fest. Dabei rief sie: »Töte dich nicht! Ich bin ja noch lebendig! Sieh her und beruhige dich!« Und sie kroch ganz unter dem Bett hervor. Da umarmte sie der Prinz und sagte: »Nun hast du mit deiner Klugheit uns beiden das Leben gerettet! Jetzt muß ich dir aber zuerst sagen, daß ich dich von Herzen liebe!« Da war auch das Mädchen recht vergnügt. Beide warfen gemeinsam die Puppe auf die Straße hinunter und legten sich ins Bett.

Märchen aus Malta

Die Wäscherin und der Graf

Einst spülten Mägde von einem Herrenhof Wäsche am See, dabei schwatzten sie eifrig miteinander.

»Ich heirate nur einen, der hochgewachsen ist, mit blauen Augen«, sagte die eine.

»Und ich nehme nur einen reichen Mann«, meinte die andere.

Die Jüngste und Schönste aber sagte:

»Einen alten, ungeliebten Mann nehme ich nie und nimmer, selbst wenn er mich mit Gold überschüttet und in Samt und Seide kleidet.«

»Erzähl uns mal keine Geschichten!«, lachten die Mädchen.

»Und wenn unser Graf um dich anhält?«

»Lieber sterbe ich, als mit so einem alten Knacker zu leben. Sein Reichtum kann mir gestohlen bleiben!«

Mußte doch gerade um diese Zeit der Graf, begleitet von seinem Verwalter, am See entlanggehen. Er belauschte das Gespräch der Wäscherinnen und sagte zum Verwalter:

»Morgen bringst du mir dies bettelstolze Ding ins Schloß.«

Am anderen Tag nahm der Graf die Sachen seiner verstorbenen Frau aus dem Schrank: herrliche Kleider, Seide, Bernsteinketten, goldene Armbänder und Ohrringe aus Edelsteinen. Alle diese prächtigen Dinge legten Diener im Saal zur Schau. Der Verwalter führte das Mädchen hinein. Der alte   **77**

Graf zeigte ihr die seidenen Gewänder, das goldene Geschmeide, die Edelsteine und sprach:

»Das alles gebe ich dir als Hochzeitsgabe. Willst du meine Frau werden?«

Das Mädchen brach in Tränen aus. Sie antwortete:

»Nein, Herr, ich will nur einem Mann gehören, den ich liebhabe!«

Da packte den Herrn ein großer Zorn, daß ein einfaches Mädchen, eine Leibeigene, seinen Reichtum und Adel verschmähte. Er befahl: »Bis morgen früh knüpfst du mir drei Gürtel. Einen wie die Sonne, den zweiten wie der Mond, den dritten wie die Sterne. Und wenn sie bis dahin nicht fertig sind, dann laß ich dir den Kopf abschlagen.«

Traurig ging das Mädchen aus dem Schloß. Sie wandte sich zum See, und dort weinte sie bittere Tränen.

Da hörten die Feen hinterm See das Mädchen weinen. Flugs eilten sie zu ihr und fragten:

»Sag, Mädchen, Schwesterlein, warum weinst du? Warum seufzt du so sehr?«

Die junge Wäscherin vertraute den Feen ihren Kummer an. Die begannen sie zu trösten:

»Hier hast du ein weiches Kissen, hier eine Decke und ein Nachtgewand. Schlaf jetzt schön und sei nicht traurig.«

Die Feen bemühten sich um sie. Die eine machte ihr ein Bett zurecht, die andere sang sie in den Schlaf, und so schlummerte das Mädchen süß und sanft bis in den Morgen. Als sie die Augen aufschlug, wie groß war ihr Staunen. Drei Gürtel hingen an den Weidenzweigen, und sie schimmerten herrlich in der Morgensonne. Der eine strahlte wie die Sonne, der andere blinkte wie der Mond, der dritte glitzerte wie die Sterne.

Die junge Wäscherin war überglücklich. Rasch trug sie die

Gürtel zu ihrem Herrn. Der alte Graf konnte sich an den

prächtigen Gürteln nicht satt sehen. Doch sein steinernes Herz wurde davon nicht weicher.

»Verschaffe mir bis morgen früh eine Kutsche. Wenn sie fährt, soll vorn alles hell erleuchtet, hinten aber dunkel sein. Außerdem muß man die Kutsche in eine Nußschale stecken können. Wenn du das bis zur gegebenen Frist nicht fertigbringst, laß ich dir die Hände abhauen.«

Noch trauriger als zuvor verließ das Mädchen das Schloß. Sie kam an den See, rang verzweifelt die Hände und schluchzte: »Meine armen weißen Hände, ihr meine fleißigen Arbeitshände, morgen muß ich mich von euch trennen. Nie mehr werde ich meine Zöpfe flechten, nie mehr ein Blumenbeet begießen.«

Die guten Feen hörten ihre Klagen. Sie umringten das Mädchen und wollten wissen, warum sie denn so bitterlich weine und verzweifelt die Hände ringe.

Die junge Wäscherin klagte den Feen ihr Leid. Die kämmten ihr das Haar, bereiteten ihr ein weiches Lager für die Nacht und sangen sie mit ihren Liedern in den Schlaf.

Am nächsten Morgen erwachte das Mädchen, da stand doch eine prunkvolle Kutsche vor ihr, zwei schöne Rosse davorgespannt, die mit goldbeschlagenen Hufen den Boden stampften.

Das Mädchen machte ihre Hand auf, eine Nußschale lag darin. Und sobald ein Sonnenstrahl auf die Nußschale fiel, schlüpfte im Nu die Kutsche mit den Pferden in die Nuß hinein.

Frohgemut lief das Mädchen zum Grafen. Sie öffnete ihre Hand, und sogleich sprangen Kutsche und Pferde aus der Schale. Der Graf setzte sich in den Wagen und fuhr los. Und da sah er, vor ihm lag heller Tag, doch hinter ihm war dunkle Nacht. Nun sprach der Graf zum Mädchen:

»Das ist alles Zauberei und dazu noch recht einfältige! Wenn du schon so gewitzt bist, dann bring mir einen Zauberspiegel, in dem ich meine Vergangenheit und meine Zukunft sehen kann.«

Was sollte sie tun? Das Mädchen ging abermals an den See, weinte und seufzte. Das hörten die Feen. Sie glitten übers Wasser, als wäre es glattes Eis, nahmen das arme Kind in ihre Mitte und begannen es zu trösten.

Das Mädchen erzählte, welchen Kummer ihm die schlimmen Launen ihres Herrn bereiteten. Da sagten die Feen:

»Eine schwierige Aufgabe stellt uns diesmal dein Herr. Aber es tut nichts. Wir machen's so, daß er froh sein wird, dich los-zuwerden.«

Die Feen legten das Mädchen zu Bett und sangen sie in den Schlaf. Am nächsten Morgen, als sie die Augen aufschlug, lag ein blanker Spiegel neben ihr, in dem sich die Sonne und die Sterne gleichzeitig widerspiegelten.

Den Spiegel trug sie ins Schloß zum Grafen. Der riß neugie-rig die Augen auf und stieß fast mit der Nase in den Spiegel.

»Jaja, da spielt mein Onkel mit dem König Karten! Und das ist mein Bruder, der mit der Königin spricht! Meine ganze hochgeborene vornehme Verwandtschaft sehe ich! Jetzt aber möchte ich meine Zukunft erblicken.«

Kaum waren die Worte seinem Munde entschlüpft, da sah er sich im Spiegel an einem Ast hängen. Voll Wut schleuderte der Gutsherr den Spiegel auf den Steinboden, wo er in tau-send Splitter zersprang.

Von diesem Tag an ließ der alte Graf die junge Wäscherin in Ruhe.

Märchen aus Litauen

Mein Liebster wohnt hinter dem Roten Meer
(Das Märchen von der Kuhhaut)

Es war einmal ein Mann, der hatte drei Töchter. Einmal erkrankte er, und er hätte gar gern Wasser aus einer Quelle hinter dem Dorf getrunken. Doch erzählte man sich weit und breit, daß es bei der Quelle nicht geheuer sei.

»Ach, wenn ich Wasser aus der Quelle trinken könnte«, sagte er zu seinen Töchtern, »sicher würde ich bald wieder genesen.«

»Ich werde dir das Wasser bringen«, erbot sich die älteste Tochter, nahm einen Krug und ging zu der Quelle.

Doch als sie sich über die Quelle beugte, ertönte eine Stimme: »Mein Wasser bekommst du nur, wenn du mir versprichst, meine Frau zu werden.«

»Wie könnte ich deine Frau werden, wenn ich dich nicht einmal sehe«, antwortete das Mädchen und kehrte ohne Wasser nach Hause zurück.

»Die Quelle wollte mir kein Wasser geben«, sagte sie zum Vater.

»Wenn sie dir keins gegeben hat, so werde ich es versuchen«, sprach die zweite Tochter und ging auch zur Quelle.

Doch auch ihr erging es nicht besser, und ohne Wasser kam sie zurück.

So ging denn die dritte, die jüngste Tochter.

Als sie sich über die Quelle beugte, ertönte wieder die Stimme: »Wenn du mir versprichst, meine Frau zu werden, so darfst du Wasser schöpfen.«

»Ich verspreche es dir«, antwortete das Mädchen, ohne zu zögern.

Als am Abend die Dunkelheit hereinbrach, schlich sich ein seltsames Wesen in einer Kuhhaut an das Haus heran und klopfte an die Tür. Die jüngste Tochter öffnete, doch sie erschrak und besprengte sich schnell mit Weihwasser.

Da begann der seltsame Besucher zu singen:

»Du hast mein Wasser genommen,
du hast dein Wort mir gegeben.
Nun bin ich zu dir gekommen,
mein mußt du sein fürs Leben.«

Erschrocken liefen alle aus der Stube, und das Mädchen blieb mit dem Ungeheuer allein zurück.

Da warf es die Kuhhaut ab, und vor dem Mädchen stand ein schöner Jüngling, wie man wohl kaum einen zweiten gefunden hätte. Als es zwölf schlug, zog er wieder die Kuhhut an und ging ins Wasser zurück.

Am nächsten Abend aber kam er wieder und klopfte an die Tür. Das Mädchen eilte ihm freudig entgegen, denn sie hatte an dem Jüngling Gefallen gefunden. Doch alle anderen liefen ängstlich aus der Stube.

Und wieder warf er die Kuhhaut ab. Doch bat er sie, niemanden etwas von der Verwandlung zu erzählen.

Das Mädchen behielt das Geheimnis aber nicht für sich, sondern erzählte der Mutter, daß ihr Bräutigam jeden Abend die Kuhhaut abwerfe und sich in einen schönen Jüngling verwandle.

Am Abend machte die Mutter im Ofen ein gewaltiges Feuer, schlich sich leise in die Stube, ergriff die Haut und warf sie ins Feuer. Und als der Jüngling um Mitternacht wieder die Kuhhaut überstreifen wollte, konnte er sie nicht finden.

Da kam die Mutter herbeigelaufen und berichtete, daß sie die Haut ins Feuer geworfen habe. Doch war die Haut nicht verbrannt, sondern hatte sich nur zusammengezogen. Der Jüngling und das Mädchen zogen und zogen, doch die Kuhhaut war zu klein geworden, er konnte sie nicht anziehen.

Da sprach er zu seiner Braut: »Wir müssen uns trennen, denn zur Strafe muß ich weit, weit fort von dir, bis über das Rote Meer. Und nicht eher wirst du mich finden, als bis du einen eisernen Stock abgeschlagen hast und ein Paar eiserne Schuhe durchgetreten und einen eisernen Kessel voll Tränen geweint hast.« Und traurig nahm er Abschied.

Das Mädchen ließ sich einen eisernen Stock, ein Paar eiserne Schuhe und einen eisernen Kessel machen und zog in die Welt, den Liebsten zu suchen. Den ganzen Weg über weinte es um ihn, und die Tränen fielen in den Kessel.

Das Mädchen war schon lange gegangen, als es in einem tiefen Wald auf eine kleine Hütte stieß. In der Hütte lebte ein altes Mütterchen, und das fragte sogleich: »Wohin des Weges, schönes Kind?«

»Meinen Liebsten suchen, der hinter dem Roten Meer lebt«, antwortete das Mädchen und bat: »Ach, Mütterchen, ich bin so müde, laßt mich eine einzige Nacht bei Euch übernachten.«

»Liebes Kind, wie hast du nur den Weg hierher gefunden. Zu uns fliegt kein Vögelchen, dringt kein Sonnenstrahl und kein Lüftchen bläst bis in diesen Winkel. Aber übernachten kannst du bei mir nicht, mein Mann ist der Mond, und der sieht in jeden Winkel.«

Doch das Mädchen bat so inständig, daß sich die Alte schließlich erweichen ließ.

Es dauerte gar nicht lange, da kam auch schon der Mond nach Hause, und gleich an der Tür legte er los: »Wen hast du hier, Alte, ich wittere eine Menschenseele!«

»Ach, niemanden, nur ein armes Mädchen, das seinen Liebsten sucht. Sag, hast du ihn nicht gesehen?«

»Ich habe ihn nicht gesehen, aber vielleicht weiß meine Schwester, die Sonne, Rat. Sie scheint überall. Doch der Weg zu ihr ist weit, sie wohnt hundert Meilen von hier.«

Am nächsten Morgen führte der Mond das Mädchen aus dem Wald hinaus und schenkte ihm zum Abschied eine Nuß.

Wieder ging die Arme und weinte, und die Tränen fielen in den eisernen Kessel. So kam sie wieder in einen Wald, und auch dort stand eine einsame Hütte.

Als das Mädchen anklopfte, kam ein altes Mütterchen heraus und fragte sogleich: »Wohin des Weges, liebes Kind?«

»Meinen Liebsten suchen, der hinter dem Roten Meer lebt«, antwortete das Mädchen und bat: »Ach, Mütterchen, laßt mich eine einzige Nacht bei Euch übernachten, ich bin so müde.«

»Wie bist du nur hierher gekommen?«, wunderte sich das Mütterchen. »Kein Vögelchen kann bis zu uns fliegen, kein Mondstrahl durch das Dickicht dringen, ja nicht einmal das kleinste Lüftchen weht bis zu unserer Hütte. Aber übernachten kannst du hier nicht. Meine Tochter ist die Sonne, und die sieht in die kleinste Ecke!«

Doch das Mädchen bat so inständig, daß sich die Alte erweichen ließ.

Um Mitternacht kam die Tochter der Alten, die Sonne, nach Hause, und sie legte gleich an der Tür los: »Wen hast du hier, Mutter, ich wittere eine Menschenseele!«

»Ach niemanden, nur ein armes Mädchen, das seinen Liebsten sucht, sag, hast du ihn nicht gesehen?«

»Nein, ich habe ihn nicht gesehen, doch vielleicht weiß mein Bruder, der Wind, mehr. Der schlüpft auch durch die kleinste Ritze. Doch er wohnt weit, hundert Meilen von hier.«

Am Morgen führte die Sonne das Mädchen aus dem Wald und schenkte ihm zum Abschied eine Nuß. Und so ging die Arme weiter, und die Tränen fielen in den Kessel, daß er fast voll war. Und wieder kam sie in einen tiefen Wald, und wieder fand sie dort eine einsame Hütte, und als sie anklopfte, kam ein altes Mütterchen heraus.

»Wohin des Weges, liebes Kind?«, fragte die Alte.

»Ich suche meinen Liebsten, einen eisernen Stock habe ich schon abgestoßen, eiserne Schuhe durchgelaufen, einen eisernen Kessel mit meinen Tränen gefüllt, doch den Liebsten habe ich noch immer nicht gefunden. Ach bitte, liebes Mütterchen, laßt mich wenigstens eine einzige Nacht bei Euch schlafen.«

»Wie hast du nur zu uns gefunden?«, wunderte sich das Mütterchen. »Bis hierher scheint weder der Mond noch die Sonne, und kein Häschen ist je bis zu uns gekommen, nur du. Aber übernachten kannst du bei mir nicht, denn mein Mann ist der Wind, und der bläst auch in die kleinste Ritze.«

Doch das Mädchen bat so inständig, daß sich die Alte schließlich erweichen ließ.

Am Abend kam der Wind nach Hause, und gleich an der Tür fuhr er die Alte an: »Wen hast du hier? Ich wittere eine Menschenseele.«

»Ach niemanden,«, antwortete die Alte, »nur ein armes Mädchen, das seinen Liebsten sucht. Sag, hast du ihn nicht gesehen?«

»Nein, aber morgen werde ich genau aufpassen und überall hinschauen, vielleicht sehe ich ihn dann.«

Und dann lud er das Mädchen zum Essen ein. Die Alte setzte ihnen ein Huhn vor, und als sie alle drei gegessen hatten, sprach der Wind zu dem Mädchen: »Hebe alle Knöchelchen gut auf, du wirst sie noch brauchen.«

Am Morgen flog der Wind los, und als er am Abend zurückkehrte, sprach er: »Ich habe deinen Liebsten gesehen, er wohnt hinter dem Roten Meer, doch ist er schon verheiratet. Wenn du ans Meer kommst, so lege die Knochen ins Wasser, und du wirst sicher hinüberschreiten.«

Am Morgen führte er sie aus dem Wald und schenkte ihr zum Abschied eine Nuß.

So zog das Mädchen wieder weiter. Unterwegs begegnete sie einem Hund, und aus Mitleid warf sie ihm ein Knöchelchen zu. Dann kam sie zum Roten Meer. Sie legte die Knöchelchen auf das Wasser und schritt darüber weg. Doch, o weh, das eine Knöchelchen, das sie dem Hund gegeben hatte, fehlte nun. Da schnitt sie sich den kleinen Finger ab, legte ihn aufs Wasser und gelangte glücklich ans andere Ufer.

Ihr Liebster lebte in einem schönen Schloß, doch hatte er schon eine andere Frau genommen. Da bat sie im Schloß um Arbeit, und da man gerade eine Gänsehirtin brauchte, ließ man sie die Gänse hüten. Auf der Weide knackte sie die erste Nuß und fand darin ein silbernes Kleid. Der Schloßherrin gefiel das Kleid so gut, daß sie es dem Mädchen abkaufen wollte.

Doch das sprach: »Ich schenke Euch das Kleid, wenn ich nur eine einzige Nacht bei Eurem Mann verbringen darf.«

Und weil die Schloßherrin das Kleid gern besessen hätte, war sie einverstanden. Doch vor dem Schlafengehen gab sie ihrem Mann einen starken Schlaftrunk, so daß er die ganze Nacht kein Auge auftat, obwohl das Mädchen weinte und klagte: »Mein Liebster, mein Goldigster, hast du die Kuhhaut vergessen und wie wir beide daran gezogen haben, damit du sie wieder überstreifen könntest?« Unter dem Fenster stand ein Wächter, der hatte Wort für Wort alles mit angehört, und gleich am Morgen berichtete er seinem Herrn, was die dumme Gänsemagd in der Nacht gesagt hatte.

Der Herr wußte sogleich, daß es seine erste Braut war, die ihn aus der Verzauberung erlöst hatte.

Am nächsten Tag machte die Gänsemagd die zweite Nuß auf und fand darin ein goldenes Kleid. Und weil es der Schloßherrin wieder sehr gefiel, durfte sie noch eine zweite Nacht bei ihrem Liebsten verbringen. Doch auch diesmal hatte ihm die Schloßherrin einen Schlaftrunk in den Wein gemischt. Wieder bat das Mädchen: »Mein Liebster, mein Goldigster, hast du vergessen, wie wir zusammen an der Kuhhaut gezogen haben, damit du sie wieder überstreifen könntest?«

Der Wächter hatte wieder alles mit angehört und berichtete seinem Herrn am Morgen Wort für Wort, was die Gänsemagd gesagt hatte.

Am dritten Tag knackte die Gänsemagd die dritte Nuß und fand darin ein Kleid, das war noch viel schöner als die beiden ersten. Und so durfte sie noch eine Nacht bei ihrem Liebsten verbringen. Diesmal goß er den Trank heimlich unter den Tisch.

Ehe die Herrin das Mädchen zu ihm in die Kammer ließ, hielt sie ihrem Gemahl noch eine brennende Kerze an die Füße, um zu sehen, ob er wirklich schlafe. Doch er zuckte mit keiner Wimper.

Als das Mädchen an seinem Bett saß, küßte es ihn und klagte wieder: »Mein Liebster, mein Goldigster, hast du denn vergessen, wie wir zusammen an der Kuhhaut gezogen haben, damit du sie wieder überstreifen könntest? Einen eisernen Stab habe ich abgestoßen, eiserne Schuhe durchgelaufen und einen eisernen Kessel mit meinen Tränen gefüllt und konnte dich doch nicht finden. Und nun habe ich dich endlich gefunden, und du hörst mich nicht.«

Da schlug er die Augen auf, küßte sie und sprach: »Von heute an sollst du meine Herrin sein, und mein ganzer Hof wird dir dienen.«

Am Morgen rief die Herrin: »Steh auf, Gänsemagd, die Gänse hüten!«

Doch der Herr antwortete: »Nein, die Herrin schläft, und Gänsehirtin wird die, die bisher die Herrin gespielt hat.«

Und so geschah es auch. Das arme Mädchen wurde die Schloßherrin, und sie lebte lange und zufrieden mit ihrem Liebsten im Schloß hinter dem Roten Meer.

Märchen aus Polen

Der Mann, der Krabben ausgrub

Einmal lebten ein Mann und eine Frau, die hatten einen Sohn. Und als dieser zwölf Jahre alt war, starb seine Mutter. Der Vater wollte sich vom Handel ernähren, jedoch brachte das nichts ein, und so wurden er und sein Sohn sehr arm. Später starb der Vater, und der Junge blieb allein im Haus.

Am fünften Tag nach seinem Tode erschien der Vater seinem Sohn im Traum und erklärte: »Mein Sohn, du bist sehr arm. Ich, dein Vater, habe nichts, das ich dir geben könnte. Aber du sollst jeden Tag unter der Hütte eines Waldgeistes, im Nordosten unseres Hauses, Krabben ausgraben. Die kannst du verkaufen und damit deinen Unterhalt verdienen. Aber du mußt täglich bei Sonnenaufgang hinausgehen und darfst keinen Tag auslassen!«

Bei Sonnenaufgang stand der Junge auf. Er bedachte noch einmal seinen Traum, dann holte er eine Hacke und ging zur Hütte des Waldgeistes. Als er dort eine Weile gegraben hatte, entdeckte er tatsächlich eine Krabbe. Damit ging er auf den Markt und verkaufte sie einem Händler. Als der junge Mann sein Geld bekommen hatte, ging er nach Hause.

Am nächsten Tag stand er wiederum zeitig auf, um an derselben Stelle Krabben auszugraben. Auch an diesem Tag fand er eine, ging damit auf den Markt und verkaufte sie abermals an einen Händler. Dann kehrte er nach Hause zurück.

In diesem Ort wohnte ein Sethej, der viele Töchter hatte. Die älteren hatte der Vater bereits versprochen, nur die jüngste, das Mädchen Pau, wollte keinen Ehemann. Die Eltern versuchten, sie zur Heirat zu zwingen, aber Pau gehorchte nicht. Unser junger Mann fand nun auch am dritten Tag an jener Stelle eine Krabbe. Als er unterwegs war, um auch diese Krabbe zu verkaufen, sah ihn Pau, die Tochter des Sethej. Sie rief ihm zu: »Junge, wohin willst du mit deiner Krabbe?« – »Ich will sie verkaufen.« Pau kaufte die Krabbe und verlangte von dem jungen Mann: »Von nun an verkaufst du deine Krabben nur an mich und an keinen anderen!« Dies sagte sie, weil sie von einer tiefen Zuneigung zu dem jungen Mann ergriffen war. Der aber merkte es nicht. Er nahm sein Geld und ging nach Hause.

Am nächsten Tag fand er an gewohnter Stelle wieder eine Krabbe, die er an jenes Mädchen verkaufte. So war es an jedem Tag, und Pau ließ kein einziges Mal aus. Allmählich verliebte sie sich in den Mann, und sie verhehlte es ihm auch nicht, denn sie verhielt sich so, daß er es merken mußte. Der Junge sagte sich: »Dieses Mädchen liebt mich wirklich. Aber ich bin zu arm und dazu noch eine Waise«, und so wagte er nicht, mit ihr zu sprechen.

Die Schwestern hatten gemerkt, daß sich Pau in den Mann, der Krabben verkaufte, verliebt hatte. Sie gingen deshalb zu den Eltern und erzählten ihnen: »Unsere Schwester Pau liebt den Mann, der Krabben ausgräbt. Wenn er eine Krabbe findet, dann verkauft er sie nur an Pau. Sie kauft jeden Tag und läßt es ihn merken, wie verrückt sie nach ihm ist. Obwohl wir sie bereits getadelt haben, hält sie sich nicht zurück, im Gegenteil. Sie hört nicht auf uns.« Der Sethej und seine Frau gerieten in Zorn, als sie dies hörten. Sie ließen Pau holen und schimpften: »Du störrisches Ding! Wie hartherzig du mit deinen Eltern bist! Wir wollten dich mit einem reichen Mann verheiraten, aber du warst dagegen. Jetzt bist du so heruntergekommen, daß du einen armen, nichtswürdigen Krabbenverkäufer liebst. Du schlimmes Mädchen, mach, daß du hier wegkommst! Geh doch zu deinem Krabbenverkäufer und betritt nie wieder dieses Haus und dieses Dorf!«

Aber die Mutter bedauerte ihre jüngste Tochter. Heimlich packte sie wertvolle Gegenstände ein und gab sie der Tochter, **89** bevor diese das Haus verließ. Pau nahm Abschied von der Mutter und ging mit ihrem Bündel davon. Sie lief zu dem jungen Krabbenverkäufer und erzählte ihm, daß der Vater sie weggejagt habe. Der Mann hörte sich alles an und sagte dann: »Ich bin arm, ohne Familie und allein auf der Welt. Geh wieder zurück, denn ich wage nicht, dich aufzunehmen. Ich habe Angst vor dem Sethej, daß er mich anklagt und zum Tode verurteilen läßt.« Aber Pau entgegnete: »Zurück gehe ich nicht wieder. Lieber will ich mit dir sterben!« – »Aber was sollen wir tun?«, fragte der Mann. »Was du auch vorhast, ich werde mit allem einverstanden sein und alles tun, was du willst«, erwiderte das Mädchen. Da verließ der Mann mit dem Mädchen Pau den Srok. Draußen baute er eine Hütte für sie beide, und am nächsten Morgen begab er sich wieder an jene Stelle, um Krabben auszugraben, die er wie am Tage zuvor wieder verkaufte. Von dem Geld kaufte er für seine Frau ein und brachte die Dinge nach Hause. Viele Tage lang lebten sie auf diese Weise.

Weil Pau mit allen Eigenschaften einer Frau ausgestattet war, verehrte sie ihren Mann sehr und bemühte sich, allen Ärger von ihm fernzuhalten. Deshalb sprach sie in der Nacht zu ihm: »Ich bitte dich, mein lieber Mann, gehe ab morgen nicht mehr Krabben ausgraben, denn wir haben jetzt genug Geld. Wenn du etwas möchtest, so kannst du es kaufen.« Aber der Mann folgte ihren Worten nicht. Er nahm am nächsten Morgen wiederum seine Hacke und ging Krabben ausgraben. Seine Frau folgte ihm heimlich, weil sie wissen wollte, wo die Stelle war, wo er Krabben holte. Als sie ihn beobachtet hatte, ging sie nach Hause zurück.

Der Mann aber grub Krabben aus, verkaufte sie und kaufte dafür allerlei Eßwaren, die er seiner Frau brachte.

Am nächsten Tag ging der Mann weit weg in den Wald, um Brennholz zu sammeln. Diese Gelegenheit nutzte Pau, sie holte die Hacke, lief zu jener Stelle, wo ihr Mann Krabben ausgrub, und verwüstete dort die Erde. Dann ging sie heim, kochte Essen, und als ihr Mann am Abend aus dem Wald zurückkam, aßen sie zusammen.

Am nächsten Morgen ging der junge Mann abermals mit seiner Hacke Krabben ausgraben. An der gewohnten Stelle war die Erde jedoch völlig zerwühlt. Da bemerkte er plötzlich eine große Krabbenschale. Sie schillerte und war so trocken und sauber, als hätte sie lange in der Sonne gelegen. Der Mann nahm diese Krabbenschale mit und versteckte sie unter seinem Haus, seiner Frau erzählte er nichts davon, und sie fragte ihn auch nicht.

Es war in der Nacht, gerade zur Zeit, als man schlafen gehen wollte, da fiel Pau, die Geld in der Hand hielt, ein Naen zu Boden. Das Silberstück fiel unter das Haus, gerade in die Krabbenschale hinein. Die junge Frau wagte nicht, ihrem Mann etwas davon zu sagen. Sie dachte: »Ich werde morgen früh, wenn es hell ist, das Geld suchen und es wieder in Verwahrung nehmen.« Am Morgen suchte sie den Naen, aber zu ihrer Überraschung entdeckte sie eine große Krabbenschale, die bis obenan mit Naen gefüllt war. Hocherfreut brachte Pau das Geld ihrem Mann ins Haus. Der fragte sie: »Woher hast du das viele Geld?« Pau berichtete: »Vergangene Nacht hielt ich Geld in der Hand, das ich wegschließen wollte. Da verlor ich einen Naen. Er fiel unter das Haus. Ich wollte es am Morgen heraufholen. Als es hell war, stieg ich hinunter und entdeckte eine mit Naen gefüllte Krabbenschale. Schau doch, hier sind sie!«

Voller Freude erwiderte ihr Mann: »Von heute an werde ich nie wieder Krabben ausgraben gehen.« Seine Frau war zufrieden, und von nun an ließen die beiden jede Nacht ein Geldstück in jene Krabbenschale fallen, und jeden Morgen war sie mit Geld gefüllt. Wenn sie einen Riel hineinwarfen, dann war die Schale am Morgen mit Riel gefüllt, warfen sie einen Naen hinein, besaßen sie am Morgen viele Naen, ließen sie Gold und Diamanten herunterfallen, war die Krabbenschale voller Gold und Diamanten. Nach einem Jahr besaßen die beiden Gold, Silber, Edelsteine und herrlichen Schmuck in Hülle und Fülle, es war unmöglich, diese Schätze zu zählen. Sie überlegten: »Wir sind jetzt so reich, wo könnten wir nur unser Gold und Silber, die Steine und den Schmuck aufbewahren?« Da gingen sie hinaus und vergruben ihre Reichtümer an vielen Stellen.

Nach einiger Zeit besuchten die beiden ihre Eltern. Sie waren kaum angekommen, da fingen die Schwestern an zu zetern: »Jetzt bringt dieses Frauenzimmer ihren Krabbenverkäufer auch noch hierher! Du Räuberbraut, was willst du hier? Hast du vergessen, daß dich der Vater aus Haus und Dorf verjagte und dir verboten hat, zurückzukehren? Scher dich fort von hier, los, schnell!« Pau entgegnete: »Meine Schwestern, verachtet mich nicht! Ich bin gekommen, um nach Vater und Mutter zu sehen, denn ich habe ihnen viel zu verdanken, ich bin nicht hier, um Reichtümer zu erbitten. Meine Schätze sind mit dem, was ihr besitzt, nicht zu vergleichen.« Die Schwestern gerieten über diese Worte in Wut. Sie beschimpften abermals die jüngste und sagten zu ihr: »Du prahlst ja nur, wir glauben dir nicht!« – »Wir könnten ja eine Wette abschließen, wenn ihr mir nicht glaubt.« – »Was für eine Wette?«, wollten die Schwestern wissen. »Ich werde euch alle meine Reichtümer zeigen, wenn ihr es schafft sie an einem Tag zu zählen, dann teile ich sie unter euch auf. Schafft ihr es nicht an einem Tag, dann gebe ich euch nichts. Aber ich weiß genau, daß ihr sie auch in zwei oder drei Tagen nicht zählen könntet.«

Die Schwestern waren sofort bereit, die Schätze Paus zu zählen. Aber sie warnten die jüngste: »Wenn du uns belogen hast, schlagen wir dich tot!« – »Wie ihr wollt«, entgegnete Pau. Da gingen die Schwestern ins Haus der jüngsten, und sie zählten vom Morgen bis zum Abend deren Besitz, aber es war noch immer nicht alles. Sie liefen nach Hause und berichteten Vater und Mutter: »Pau, unsere jüngste Schwester, prahlte mit ihrem Besitz. Sie schlug eine Wette vor. Wenn wir ihre Schätze an einem Tage hätten zählen können, dann wollte sie diese unter uns aufteilen. Obwohl wir alle von morgens bis abends gezählt haben, so schafften wir trotzdem nicht alles. Nun sind wir hier, um euch davon zu berichten.« Der Sethej war sehr froh über diese Nachricht. Er ließ von einem Diener seine jüngste Tochter und seinen Schwiegersohn holen. Als die beiden im Hause waren, lud er sie ein, fortan bei ihm zu wohnen. Er ließ viele Wagen mit Büffeln und Rindern anspannen und befahl seinen Sekretären, den gesamten Besitz seiner Tochter Pau in sein Haus zu bringen. Als der Sethej sah, wie reich sein Kind war, freute er sich sehr. Er lobte die jüngste Tochter und sprach: »Mein Kind, deine Verdienste sind groß. Du und dein Mann, ihr werdet meine Nachfolger sein und Sethej werden. Ich habe dir einmal unrecht getan, ich habe dich verjagt. Vergiß es und hege keinen Zorn gegen mich!«

Von da an lebten Pau und ihr Mann im Hause der Eltern. Die Schwestern aber bewunderten und verehrten beide sehr.

Als eines Tages der Sethje und seine Frau nicht mehr lebten, wurden Pau und ihr Mann deren Nachfolger.

Märchen aus Kambodscha

5. Wunder Welten

Das Karussell von Cesenatico

In Cesenatico, am Ufer des Meeres, stand einmal ein altes Karussell. Es hatte im ganzen sechs Holzpferde und sechs rote, schon ein wenig abgenutzte Jeeps, die waren für Kinder mit ausgesprochen modernem Geschmack. Ein Männchen trieb das Karussell allein mit seiner Arme Kraft an. Es war klein, mager und dunkel, und man konnte ihm vom Gesicht ablesen, daß es sich den einen Tag satt essen konnte und den zweiten nicht. Kurz, es war nicht gerade ein großartiges Karussell, aber die Kinder zog es an, als ob es aus Schokolade wäre, und sie führten sich auf wie die Wilden, nur um darauf fahren zu können.

»Was ist denn an diesem alten Karussell so Besonderes?«, fragten sich die Mütter, »die Kinder scheint es anzuziehen wie Marzipan!«

Und sie schlugen ihren Kleinen vor: »Sollen wir nicht lieber zum Kanal hinuntergehen und dort die Schwäne ansehen?« Oder: »Warum setzen wir uns nicht in das neue Café mit den Schaukelstühlen?«

Umsonst, nichts zu machen. Die Kinder zogen ihr altes Karussell vor.

Eines Abends schwang sich auch ein alter Herr noch in den Sattel eines Holzpferdchens, nachdem er seinen Enkel in einen Jeep gesetzt hatte. Das war für ihn ziemlich unbequem, weil seine Beine zu lang waren und seine Füße den Boden berührten. Aber er lachte nur darüber. Doch – welch ein Wunder! Kaum hatte der kleine Mann das Karussell angeschoben, fand sich der alte Herr im Handumdrehen hoch oben in der Luft, so hoch wie der einzige Wolkenkratzer von Cesenatico, und sein kleines Holzpferdchen galoppierte in den Lüften, die Nase in die dichten Wolken gereckt. Der alte Herr blickte unter sich und sah die ganze Gegend, und dann ganz Italien, und dann die ganze Erde, die immer weiter unter den Pferdehufen zurückblieb. Sehr schnell wurde diese Erde zu einem kleinen blauen Karussell, das sich drehte und drehte und einen Erdteil nach dem anderen und die Meere zeigte, wie auf einer Landkarte gemalt.

»Wo reiten wir nur hin?«, fragte sich der alte Herr.

In diesem Augenblick fuhr sein Enkel am Steuer seines roten, ein wenig abgenutzten Jeeps an ihm vorbei, doch der Jeep hatte sich mittlerweile in ein Raumschiff verwandelt. Und hinter seinem Enkel flogen in einer Reihe alle anderen Kinder ganz ruhig und sicher auf ihrer Bahn wie viele, viele künstliche Satelliten.

Wo wohl das Karussellmännchen jetzt war? Man hörte immer noch seine Grammophonplatte, die einen Cha-Cha-Cha spielte, denn jede Fahrt auf dem kleinen Karussell dauerte so lange, wie eine Platte lief.

»Also, irgendein Schwindel ist dabei«, dachte der alte Herr. »Dies Karussellmännchen muß ein Hexenmeister sein.« Und er dachte auch noch: »Wenn wir in der Zeit, in der eine Grammophonplatte abläuft, um die ganze Welt fahren können, brechen wir ja den Rekord von Gagarin.«

Die Karawane überflog nun den Stillen Ozean mit all seinen Inselchen, dann Australien, wo die Känguruhs ihre komischen Sprünge vollführten, dann kam der Südpol, da streckten Millionen Pinguine ihre stumpfen Nasen in die Luft. Aber es war gar keine Zeit, sie zu zählen, denn schon tauchten an ihrer Stelle die rothäutigen Indianer Nordamerikas auf, die Rauchzeichen machten – und da: New York mit all seinen Wolkenkratzern! Und da – nur ein einziger Wolkenkratzer! Und das war der von Cesenatico. – Die Platte war zu Ende.

Der alte Herr sah sich ganz verblüfft um. Da war er ja wieder auf dem guten, alten Karussellchen am Adriatischen Meer, und **97** das kleine Männchen, dunkel und mager, hielt es sanft, ohne den leisesten Stoß an.

Ein bißchen schwankend stieg der alte Herr aus.

»Sie, hören Sie mal«, sagte er zu dem Männchen. Aber das hatte keine Zeit für ihn, denn schon hatten wieder andere Kinder auf den Holzpferdchen und in den Jeeps Platz genommen, und das alte Karussell setzte sich zu einer neuen Fahrt um die Welt in Bewegung.

»Sagen Sie mal«, wiederholte der alte Herr ein wenig ärgerlich. Das Männchen schaute nicht einmal zu ihm hin. Es schob sein Karussell an, man sah die fröhlichen Gesichter der Kinder im Kreise vorbeigleiten, mit den Augen suchten sie ihre Eltern, die um das Karussell herumstanden und ihnen ermunternd zulachten.

Ein Hexenmeister, dies Männchen da?! Ein verzaubertes Karussell, diese komische, alte Maschine, die sich da asthmatisch zum Klang eines Cha-Cha-Cha drehte?!

»Ach was«, beschloß der Alte, »es ist besser, ich spreche mit niemandem darüber. Sonst wird man mich vielleicht hinter meinem Rücken nur auslachen und mir noch sagen: »Wissen Sie denn nicht, daß Karussellfahren in Ihrem Alter gefährlich ist? Davon wird Ihnen nur schwindlig.«

Gianni Rodari

Der Maler Tuo-lan-ka

Im Süden Chinas, dort, wo das Volk der Tai lebt, liegt ein Dorf, ringsum von einem Palmenhain umgeben. Etwas abseits vom Dorf steht am Ufer eines glasklaren Flusses eine alte, halb zerfallene Bambushütte. Hier lebte vor langen Zeiten der Maler Tuo-lan-ka. Einen Maler wie diesen würde man wohl auf der ganzen Welt vergeblich suchen! Er war nämlich geradezu besessen von der Malerei; alles, was ihm unter die Hände kam, mußte er bemalen, ob es nun Papier, Seide oder Holz war. Tuo-lan-ka ging selten aus, nur dem Tempel stattete er hin und wieder einen Besuch ab. Nicht aber, wie ihr vielleicht glaubt, um dort zu beten oder den Göttern Opfergaben darzubringen. Nein, das liebte er nicht besonders. Er saß viel lieber still in einer Ecke, beobachtete jeden Tempelbesucher und prägte sich dessen Gesicht tief ein. Dann ging er wieder nach Haus, schloß sich in seiner Hütte ein und malte und malte. Und wußte nicht, ob draußen die Sonne vom Himmel brannte oder ob der bleiche Mond schien.

Jeden Tag malte er sieben Gesichter, und wenn die Woche um war, schauten sieben mal sieben Gesichter von den Wänden der Hütte herab. Einmal, als er gerade an dem neunundvierzigsten Gesicht malte – in jener Nacht tobte draußen ein gräßlicher Sturm, die Bäume bogen sich unter seinem Anprall bis zu Erde, und der Donner grollte –, klopfte jemand an seine Tür.

»Wer mag das nur sein«, brummte der Maler überrascht. »Wer treibt sich bei solchem Höllenwetter draußen herum, da doch sogar der Kauz heute Ruhe gibt?«

»Ich bin der Gevatter Tod«, ließ sich da der Besucher hinter der Tür vernehmen. »Ich habe mich um die Seelen der Verstorbenen zu kümmern. Und heute soll ich auf Befehl des Kaisers der Himmel deine Seele holen.«

»Das hat mir gerade noch gefehlt!«, dachte Tuo-lan-ka bei sich und wurde kleinmütig. Schließlich aber sprach er sich doch Mut zu und öffnete. Auf der Schwelle stand eine von Kopf bis Fuß in einen Mantel gehüllte Gestalt, schwärzer als die Nacht. »Tritt ein und gedulde dich ein wenig. Ich muß erst noch ein Gesicht fertigmalen«, sagte Tuo-lan-ka, als sei solcher Besuch in seiner Hütte etwas Alltägliches, kehrte seinem Gast den Rücken zu und malte weiter.

Als der Tod sah, daß der Maler ihn nicht beachtete und ruhig weitermalte, wurde er zornig: »Du, mach ein bißchen schneller, schließlich kannst du den Kaiser der Himmel nicht warten lassen.«

»Das ist ja alles gut und schön, aber ich muß das Mädchen hier erst fertigmalen«, widersprach Tuo-lan-ka. »Du kannst ja schon vorausgehen und deinem Kaiser ausrichten, er möge sich ein wenig gedulden.«

Der Tod war schrecklich neugierig, was Tuo-lan-ka eigentlich malte, und trat näher. Kaum aber hatte er einen Blick auf das Bild geworfen, da lebte sein längst erstarrtes Herz auf. Von dem Bild lächelte ihm ein so schönes Mädchen entgegen, wie er noch keines gesehen hatte. Leise, auf Zehenspitzen, schlich sich der Tod aus der Bambushütte und kehrte in den Himmel zurück. »Wieso bringst du ihn nicht?«, fragte der Kaiser der Himmel streng.

»Verzeiht, es ging nicht«, entschuldigte sich der Tod. »Ich mußte ihn noch ein Gesicht zu Ende malen lassen.«

»So etwas ist mir in meinem ganzen Leben noch nicht passiert! Hol ihn sofort her!«, schrie der Himmelskaiser, ganz aus seiner himmlischen Ruhe gebracht. »So verlangt es die himmlische Ordnung, und die lasse ich mir nicht von irgendeinem hergelaufenen Maler durcheinanderbringen.«

Der Tod mußte also wieder auf die Erde hinab. Er lief durch den Palmenhain und sah schon von weitem das schwache, blinkende Licht im Fenster der Bambushütte, das die tiefe Finsternis durchdrang. Er stürzte zur Tür herein – und blieb wie angegossen stehen. Von dem Bild schaute ihn ein so zauberhaftes Mädchenantlitz an, wie im ganzen Himmel keines zu finden war.

»Eile mit Weile«, brummte der Maler, der noch immer in

sein Werk vertieft war. Weil der Tod sich aber diesmal nicht beschwatzen ließ, packte Tuo-lan-ka gehorsam sein Malwerkzeug zusammen, nahm seine Skizzen und eine Opferkerze und folgte dem Tod. Als sie vor den Kaiser der Himmel traten, verneigte sich der Maler und kniete nieder, wie es sich für einen Sterblichen gehört. In der linken Hand hielt er eine brennende Opferkerze und in der rechten seine Skizzen.

»Nun gut«, meinte der Kaiser der Himmel und nickte gnädig.

»Ich weiß, daß du auf Erden ein berühmter Maler warst und ohne deine Malerei nicht sein kannst. Deshalb sollst du auch im Himmel malen dürfen.«

Tuo-lan-ka verneigte sich tief und dankte für diese hohe himmlische Auszeichnung. Natürlich vergoß er dabei auch ein paar Tränen, denn er mußte ja Abschied nehmen von seiner Heimat und von der Erde, mit der sich kein Himmel messen kann. Ein wenig betrübt blies er die Kerze aus, und der Tod führte ihn zum Geist des Lebens und sagte: »Hier ist von nun an dein Platz, hier zeige, was du kannst!«

Und so setzte sich der Maler neben den Geist des Lebens, packte seine Pinsel und Farbsteine, seine Tusche und seine Wasserschälchen aus und machte sich ans Malen. Und jedesmal, wenn der Geist des Lebens jemandem eine neue Seele einhauchte, kramte Tuo-lan-ka aus seinen Schätzen das Antlitz hervor, welches das neugeborene Menschenwesen annehmen sollte.

Aber ihr müßt wissen, daß Tuo-lan-ka ein bißchen eigensinnig ist. Von den schönsten Bildern trennt er sich nur ungern. Und wenn die Tai-Mütter nach dem Tuo-lan-ka die herrlichsten Opfergaben darbringen, damit er ihren Kindern das schönste Antlitz verleiht, er bleibt geizig: Die schönsten Bilder behält er im Himmel.

Märchen der Tai

Zweierlei Leben

Es lebte einmal ein Estanziero, der eine ansehnliche Familie besaß. Eines Abends, als sie gerade beim Nachtmahl saßen, rief jemand vor der Türe.

»Geh hinaus und schau, was man will!«, sagte der Estanziero zu einem der Knechte.

»Herr, draußen ist ein Reiter, der Euch sprechen möchte«, brachte der Knecht die Antwort. Da stand der Herr auf und ging hinaus. Wen sah er draußen? Im Dunkeln erkannte er einen großen Mann auf einem feurigen Pferd mit silberbeschlagenem Zaumzeug. Der Reiter grüßte den Estanziero und sagte: »Es treibt sich wieder eine Bande von Strauchdieben in der Gegend herum. Sperrt alles ein! Oder noch besser: Gebt mir einen tüchtigen Mann mit! Wir haben schon eine Gruppe von zuverlässigen Leuten gesammelt und wollen die Bande unschädlich machen.«

»Ich danke für die Warnung«, sagte der Estanziero, »und ich gebe Euch gern meinen Ältesten mit. Das ist der beste Reiter und Schütze. Wie lange wird er denn ausbleiben?«

»Herr, er wird morgen wieder heimkommen«, antwortete der unbekannte Reiter.

»Gut, so braucht er nicht viel mitzunehmen.«

Der Herr ließ seinem ältesten Sohne ein Pferd satteln, Pedro nahm sein Gewehr, verabschiedete sich flüchtig von den Eltern und den Geschwistern, schwang sich aufs Pferd und ritt mit dem Unbekannten davon.

Es war schon Mitternacht, als sie eine größere Gruppe von Reitern trafen und mit ihnen die Verfolgung der Bande aufnahmen. Der unbekannte Kavalier, der Pedro abgeholt hatte, erwies sich als ein kundiger Anführer, er ließ die Banditen umstellen und überfallen. Die meisten der Räuber wurden erschossen oder gefangengenommen; nur einem gelang es zu fliehen. Pedro schwang sich auf sein Pferd und verfolgte ihn. Er ritt und ritt, und es dämmerte schon der Morgen, aber Pedro hatte den Banditen noch immer nicht erreicht. Der durchfurtete einen großen Fluß und war auf einmal verschwunden.

Pedro war hinter dem Räuber durch den Fluß gekommen, und er sah sich nun in einer Gegend, die er gar nicht kannte. Er erblickte in der Ferne ein Haus und ritt darauf zu. Als er dort ankam, sah er, daß das Haus eine Herberge war, und da ihn der lange Nachtritt ermüdet hatte, beschloß er, sich dort auszuruhen.

Er rief den Wirt heraus und bat um ein Zimmer, das ihm auch bereitwillig zugewiesen wurde. Dann schlief er, und als er aufwachte, war es schon wieder Abend. Er wollte den Wirt nach dem Heimweg fragen, aber er konnte sich nur schwer mit ihm verständigen; denn der sprach eine so seltsame Sprache, daß Pedro nur einzelne Worte verstand. Er glaubte aber, daß der Wirt ihm raten wolle, in die Stadt zu reiten. Und so blieb er noch über Nacht und ritt am nächsten Tag in die Stadt, die nicht sehr weit entfernt lag.

In der Stadt fragte er verschiedene Leute nach dem Weg in seinen Heimatort, aber niemand kannte ihn. Müde stieg er vom Pferd und wußte nicht, was er tun sollte, als ein Kavalier kam. Pedro hatte zwar den unbekannten Anführer im Dunkeln nicht recht erkannt, aber er erkannte das Pferd wieder. »Ach, da seid Ihr ja!«, rief Pedro aus. »Ich habe mich bei der Verfolgung des Banditen verritten und den Heimweg nicht mehr gefunden. Und nun bin ich ganz verwirrt, denn niemand von den guten Leuten hier kennt meine Heimat.«

»Aber das macht doch nichts«, sagte der Unbekannte, »du bist nun einmal hier, und es freut mich, wenn du als Gast in mein Haus kommst. Später dann werde ich dir einmal den Heimweg zeigen lassen. Ich bin dir Dank schuldig für deine Hilfe, und es soll dir bei uns gut ergehen.«

Er nahm also den Pedro mit sich nach Hause, in einen prächtigen Palast mitten in der Stadt, mit vielen schönen und reichen Zimmern und Sälen. Pedro fand Gefallen an dem Leben in der Stadt, und vor allem verliebte er sich in eine Tochter des unbekannten Herrn, von dem er nun erfuhr, daß er ein reicher Graf war.

Aber nach einigen Tagen wollte Pedro nach Hause zurückkehren, doch der Graf sagte zu ihm: »Pedro, bleibe noch etwas bei uns. Dein Vater weiß, wann du zurückkommst, und du wirst auch pünktlich daheim sein.« Da ließ sich Pedro überreden, und er blieb in der Stadt. Und es verging kaum ein Jahr, da heiratete er die Tochter des Grafen, und der ließ dem jungen Paar einen anderen Palast bauen, der war nicht weniger prächtig als sein eigener.

Pedro, der nun ganz in jenem Lande heimisch geworden war, ging dort seinen Geschäften nach. Seine Frau gebar ihm Söhne und Töchter, und er lebte glücklich und zufrieden.

Nur von Zeit zu Zeit hatte er Sehnsucht nach seinen Eltern und Geschwistern, aber immer vertröstete ihn sein Schwiegervater: »Es hat doch Zeit. Du kommst früh genug nach Hause.«

So verstrichen die Jahre, und Pedro war bereits Großvater geworden, als er seine Sehnsucht nach daheim nicht mehr bezähmen konnte, und eines Abends sagte er zu seinem Schwiegervater, der nun schon ein gebrechlicher Greis war: »Vater, morgen will ich aufbrechen und meine Familie besuchen.«

»Willst du wirklich?«

»Ja. Ich fürchte zwar, meine Eltern werden längst im Grabe liegen, aber meine Brüder und Schwestern sollten noch am Leben sein, denn ich bin ja der Älteste.«

»Nun, so werde ich dir morgen jemand mitgeben, der dir den Weg zeigt,«, sagte der Graf.

Am nächsten Tag ließ Pedro ein Packpferd mit Geschenken für
seine Geschwister beladen und verabschiedete sich von seiner

Frau und seinen Söhnen und Enkeln. Der Diener des Grafen ritt ihm voraus und brachte ihn so zu jenem Fluß, durch den er damals auf der Verfolgung des Banditen geritten war.

»Ich werde hier umkehren«, sagte der Diener, »denn drüben werdet Ihr den Weg wieder ohne Mühe selber finden.«

Und so war es. Kaum war Pedro auf der anderen Seite des Flusses, da kam ihm alles wieder etwas bekannt vor. Er ritt den ganzen Tag und kam am Abend zum Hause seines Vaters.

»He, holla«, rief er, »wer ist jetzt der Herr des Hauses?«

Da kam sein Vater heraus und fragte: »Fremder, was wollt Ihr?«

»Ach, Vater«, sagte Pedro, »erkennst du mich nicht? Du hast dich aber gar nicht verändert.«

»Was schwatzt Ihr da, Alter?«, sagte der Estanziero, »ich habe Euch im Leben nie gesehen!«

»Aber Vater, ich bin doch dein Sohn Pedro.«

Unterdessen war auch die Mutter mit einigen Geschwistern Pedros herausgekommen. Der Estanziero aber sagte: »Nun glaube ich, Ihr seid verrückt, Alter! Ihr mit dem weißen Bart wollt mein Sohn sein? Mein Pedro ritt gestern abend weg, um Banditen zu vertreiben, und wenn Ihr etwas wartet, könnt Ihr ihn bald selber sehen, denn er muß heute abend wieder heimkommen.«

Da stieg Pedro vom Pferd, er war ganz verwirrt und sagte: »Was, gestern soll Euer Sohn fortgeritten sein?«

»Aber ja, zum Teufel, seid Ihr so schwer von Begriff?«

Der Estanziero dachte, der Alte hätte unter der großen Hitze gelitten, und er ließ ihn ins Haus führen, wo Pedro sich gleich auf seinen Platz setzte, der auch sonst immer sein Stammsitz war.

Er sah sich im Kreise um und sagte: »Das ist Juan, das ist Carlos, das ist Dolores, das ist Dorothea, das ist Mariana.«

»Herr«, sagte der Estanziero und betrachtete den vornehm gekleideten Alten, »woher kennt Ihr alle Namen meiner Kinder?«

Pedro aber fuhr fort, alle Dinge aufzuzählen, die im Hause waren und die ein Fremder nicht wissen konnte. Und er überzeugte so nach und nach seine Eltern und seine Geschwister, daß er Pedro war, der am Abend vorher fortgeritten war.

Und er erzählte ihnen, wie er über den Fluß geritten und in die Stadt gekommen sei, wie er beim Grafen Aufnahme gefunden und dessen Tochter geheiratet habe. Er erzählte von seinen Söhnen und Töchtern, von seinen Enkelkindern.

Man hat von dieser Geschichte lang gesprochen. Es ist aber schon einige Zeit her.

Das ist alles.

Märchen aus Südamerika

Menasehs Traum

Menaseh war ein Waisenkind. Er lebte bei seinem Onkel Mendel, einem armen Glaser, der es kaum schaffte, seine eigenen Kinder recht zu versorgen. Menaseh war bald mit der Schule fertig. Nach den Herbstferien sollte er bei einem Buchbinder in die Lehre gehen.

Menaseh war schon immer ein wißbegieriges Kind gewesen. Kaum konnte er sprechen, hörte er mit Fragen gar nicht mehr auf.

»Wie hoch ist der Himmel?«

»Wie tief ist die Erde?«

»Was kommt nach dem Rand der Welt?«

»Warum werden Menschen geboren?«

»Warum sterben sie?«

Es war an einem heißen und feuchten Sommertag. Ein goldener Dunstschleier lag über dem Dorf. Die Sonne war klein wie der Mond und gelb wie Messing. Die Hunde schlichen mit eingezogenem Schwanz umher. Die Tauben ruhten auf dem Marktplatz. Kauend und die Bärte schüttelnd, lagen die Ziegen im Schutz der Hütten.

Menaseh zankte sich mit seiner Tante Dwoscha und ging ohne Mittagessen aus dem Haus. Er war ungefähr zwölf Jahre alt, hatte ein schmales Gesicht, dunkle Augen und hohle Wangen. Er trug eine verschlissene Jacke und ging barfuß. Alles, was er besaß, war ein zerrissenes Geschichtenbuch, das er schon Dutzende Male gelesen hatte. Es hieß *Allein im wilden Wald*. Das Dorf, in dem er lebte, lag mitten in einem Wald. Und die Leute sagten, man könne bis nach Lublin durch den Wald laufen. Es war Heidelbeerzeit, und ab und zu konnte man sogar Walderdbeeren finden. Menaseh ging durch Wiesen und Kornfelder. Er war hungrig und riß sich eine Kornähre ab, um die Körner zu kauen. Auf den Wiesen lagen Kühe, und es war so heiß, daß sie sogar zu faul dazu waren, mit dem Schwanz die Fliegen zu verscheuchen. In ihre Pferdegedanken versunken, standen zwei Pferde dicht nebeneinander, eines suchte im Schatten des anderen Schutz vor der sengenden Sonne. In einem Buchweizenfeld sah der Junge eine Krähe auf dem Hut einer Vogelscheuche sitzen.

Sobald Menaseh in den Wald kam, wurde es kühler. Wie Säulen standen die Kiefern, und um ihre braunen Stämme hingen goldene Sapperlätzchen, das waren Sonnenflecken. Kuckuck und Specht waren zu hören und der gellende Ruf eines Vogels, den er nicht sehen konnte.

Vorsichtig ging Menaseh über grüne Moospolster. Er watete durch einen seichten Bach, der lustig über Kieselsteine sprang. Der Wald war still und doch voller Stimmen und Geräusche. Menaseh wanderte immer tiefer hinein in den Wald. Sonst ließ er Steine hinter sich fallen, um den Heimweg wiederzufinden, aber heute tat er das nicht. Er fühlte sich einsam, der Kopf tat ihm weh, und die Knie wurden ihm weich. »Werde ich krank?«, dachte er. »Dann bin ich bald bei Vater und Mutter.« Er setzte sich in eine Mulde voller Heidelbeersträucher und stopfte sich eine Beere nach der anderen in den Mund. Aber er war immer noch hungrig. Um die Heidelbeeren wuchsen wilde Blumen, die einen berauschenden Duft verströmten. Ohne daß er es merkte, streckte sich Menaseh auf dem Waldboden aus und schlief ein. Aber im Traum wanderte er weiter.

Die Bäume wurden größer, es duftete noch stärker, und riesige Vögel flogen von Ast zu Ast. Die Sonne ging unter. Bald wurde der Wald lichter, und er kam auf eine Ebene mit weitem Blick auf den Abendhimmel. Plötzlich tauchte im Zwielicht ein Schloß auf. Menaseh hatte noch nie ein so wunderschönes Bauwerk gesehen. Das Dach war aus Silber, und darüber erhob sich ein Kristallturm. Die vielen Fenster waren so hoch wie das Gebäude selbst. Menaseh ging auf eines der Fenster zu und schaute hinein. An der Wand gegenüber hing sein eigenes Bild. Er war in prächtige Gewänder gekleidet. Der riesige Raum war menschenleer.

»Warum ist das Schloß leer?«, wunderte er sich. »Und warum hängt ein Bild von mir an der Wand?« Der Junge auf dem Bild schien lebendig zu sein, und er sah so aus, als würde er ungeduldig auf jemanden warten. Türen öffneten sich, wo vorher keine waren, und Frauen und Männer kamen in den Raum. Sie waren in weißen Satin gekleidet, und die Frauen trugen Juwelen und hielten goldbestickte Gebetbücher in den Händen. Menaseh war starr vor Staunen.

Er erkannte Vater und Mutter, Großvater und Großmutter und andere Verwandte. Er wollte zu ihnen, sie umarmen und küssen, aber das Fenster war im Weg. Menaseh weinte bitterlich. Da kam sein Großvater Tobias der Schreiber ans Fenster. Der Bart des alten Mannes war so weiß wie sein Mantel. Er sah alt und jung zugleich aus.

»Warum weinst du?«, fragte er. Obwohl das Glas sie trennte, konnte Menaseh ihn deutlich hören.

»Bist du mein Großvater Tobias?«

»Ja, mein Kind, ich bin dein Großvater.«

»Wem gehört das Schloß?«

»Uns allen.«

»Mir auch?«

»Natürlich, der ganzen Familie.«

»Großväterchen, laß mich ein!«, rief Menaseh. »Ich will mit Vater und Mutter sprechen.«

Liebevoll schaute ihn der Großvater an und sagte: »Eines Tages wirst du hier mit uns leben, aber die Zeit ist noch nicht gekommen.«

»Wie lange muß ich noch warten?«

»Das ist ein Geheimnis. Es wird noch viele, viele Jahre dauern.«

»Großväterchen, ich will nicht so lange warten. Ich habe Hunger und Durst, und ich bin müde. Ich sehne mich nach Vater und Mutter und nach Großmutter und dir. Ich will kein Waisenkind mehr sein.«

»Mein liebes Kind, wir wissen alles. Wir denken an dich, und wir lieben dich. Wir warten alle auf den Tag, da wir zusammensein werden, aber du mußt Geduld haben. Du hast noch eine lange Reise vor dir, ehe du bei uns bleiben wirst.«

»Bitte, laß mich nur ein paar Minuten hinein.«

Großvater Tobias ging vom Fenster weg und beriet sich mit den anderen Familienmitgliedern. Als er zurückkam, sagte er: »Du kannst hereinkommen, aber nur für eine kleine Weile. Wir werden dir das Schloß zeigen und unsere Schätze, aber dann mußt du wieder gehen.«

Eine Tür öffnete sich und Menaseh ging hinein. Kaum war er über die Türschwelle getreten, da verspürte er weder Hunger noch Müdigkeit. Er umarmte seine Eltern, und sie küßten und drückten ihn an sich. Aber sie sprachen kein Wort. Menaseh fühlte sich seltsam leicht. Er schwebte, und seine Familie schwebte auch. Der Großvater öffnete Tür um Tür, und jedesmal wuchs Menasehs Erstaunen.

Ein Zimmer war angefüllt mit Kinderkleidern: Hosen, Jacken, Hemden, Mäntel. Menaseh erkannte alle seine Kleider, die er getragen hatte, soweit er sich erinnern konnte. Er sah auch seine Schuhe, Strümpfe, Mützen und Nachthemden.

Eine zweite Tür wurde geöffnet, und Menaseh sah alles Spielzeug, das er einmal gehabt hatte: die Zinnsoldaten, die ihm der Vater gekauft hatte; die Pfeifen und Harmonikas; den Brummbären, den ihm der Großvater an Purim gegeben hatte, und das Holzpferdchen, ein Geschenk von Großmutter Sprintze zu seinem sechsten Geburtstag. Die Hefte, in denen er schreiben geübt hatte, seine Bleistifte und die Bibel lagen auf einem Tisch. Die Bibel war geöffnet, und er sah das wohlbekannte Bild von Moses mit den Gesetzestafeln und Aaron in seinen wallenden Gewändern. Beide waren umrahmt von sechsflügeligen Engeln. Er sah auch seinen Namen an der dafür vorgesehenen Stelle.

Menaseh kam kaum aus dem Staunen heraus, als die dritte Tür geöffnet wurde. Dieses Zimmer war angefüllt mit Seifenblasen. Aber sie platzten nicht, wie Seifenblasen das tun, sondern sie segelten feierlich umher und schillerten in allen Regenbogenfarben. Einige spiegelten Schlösser wider, Gärten, Flüsse, Windmühlen und vieles andere. Menaseh wußte, daß das die Seifenblasen waren, die er aus seiner liebsten Seifenblasenpfeife geblasen hatte.

Die vierte Tür wurde geöffnet. Und obwohl kein Mensch zu sehen war, war das Zimmer erfüllt von munterem Geplauder, von Gesang und Gelächter. Menaseh hörte seine eigene Stimme und die Lieder, die er gesungen hatte, als er noch mit seinen Eltern zusammengewesen war.

Er höre auch die Stimmen seiner früheren Spielkameraden; einige hatte er längst vergessen.

Die fünfte Tür führte in eine große Halle. Hier waren alle die Personen aus den Gutenachtgeschichten versammelt, die ihm seine Eltern erzählt hatten, auch die Helden aus *Allein im wilden Wald*. Alle waren sie da: David der Krieger und die ägyptische Prinzessin, die David vor der Gefangenschaft bewahrt hatte; der Straßenräuber Bandurek, der die Reichen ausraubte und den Armen half; Velikan der Riese, der ein Auge mitten auf der Stirn hatte und der eine Tanne als Wanderstab in der Rechten trug und eine Schlange in der Linken; der Zwerg Pitzeles, dem der Bart bis auf den Boden hing, und der Hofnarr war beim furchtsamen König Merodach; der doppelköpfige Zauberer Malkisedek, der durch seine Hexereien unschuldige Mädchen in den Wüsteneien von Sodom und Gomorrha verschwinden ließ.

Menaseh hatte kaum Zeit, sie alle zu erkennen, da öffnete sich die sechste Tür. Alles und jedes veränderte sich fortwährend. Die Wände drehten sich wie ein Karussell. Bilder blitzten auf. Ein goldenes Pferd wurde ein blauer Schmetterling. Eine Rose, leuchtend wie die Sonne, wurde ein Glas, aus dem feurige Heupferdchen flogen, purpurne Faune und silberne Fledermäuse. Auf einem glitzernden Thron, zu dem sieben Stufen führten, saß König Salomo, der Menaseh irgendwie ähnlich sah. Er trug eine Krone, und zu seinen Füßen kniete die Königin von Saba. Ein Pfau drehte ein Rad und sprach König Salomo auf hebräisch an. Leviten spielten die Lyra. Riesen schwangen ihre Schwerter, und auf Löwen reitende äthiopische Sklaven brachten Wein und Schalen mit Granatäpfeln. Einen Augenblick verstand Menaseh gar nicht, was das alles bedeuten sollte. Dann merkte er, daß er seine Träume sah.

Hinter der siebenten Tür erkannte Menaseh undeutlich Männer und Frauen, Tiere und viele Dinge, die ihm völlig fremd waren. Und alles war nicht so lebendig wie in den anderen Zimmern. Die Figuren waren durchsichtig und von Nebel **111** umgeben. Auf der Türschwelle stand ein Mädchen in seinem Alter. Sie hatte lange, goldene Zöpfe. Obwohl Menaseh sie nicht deutlich sehen konnte, mochte er sie gleich.

Zum erstenmal drehte er sich zu seinem Großvater um. »Was bedeutet das alles?«, wollte er wissen. Und der Großvater antwortete: »Das sind die Menschen und Ereignisse deiner Zukunft.«

»Wo bin ich?«, frage Menaseh.

»Du bist in einem Schloß, das viele Namen hat. Wir nennen es den Ort, wo nichts verloren ist. Es gibt noch viel mehr Wunder hier, aber jetzt ist es Zeit für dich. Du muß gehen.«

Menaseh wollte an diesem seltsamen Ort für immer bleiben, zusammen mit seinen Eltern und Großeltern. Fragend schaute er den Großvater an, aber der schüttelte nur den Kopf. Es schien, als ob Menasehs Eltern beides wollten, daß er bliebe und daß er so schnell wie möglich ging. Sie sprachen immer noch nicht, aber sie machten ihm Zeichen, und Menaseh verstand, daß er in großer Gefahr war.

Das mußte ein verbotener Ort sein. Ohne zu sprechen, sagten ihm seine Eltern Lebewohl. Sogleich war alles verschwunden – das Schloß, die Eltern, Großeltern und das Mädchen.

Menaseh schauderte und wachte auf. Es war Nacht im Wald. Tau fiel. Über ihm hoch oben die Kronen der Kiefern. Der Mond schien voll, und die Sterne blinkten. Er schaute in das Gesicht eines Mädchens, das sich über ihn beugte. Sie war barfuß und hatte eine geflickte Schürze umgebunden. Ihre langen Zöpfe glänzten golden im Mondschein. Sie schüttelte ihn und sagte: »Steh auf, steh auf! Es ist spät. Du kannst nicht hier im Wald bleiben.«

Menaseh setzte sich auf. »Wer bist du?«

»Ich habe Beeren gesucht und dich hier gefunden. Ich wollte dich aufwecken.«

»Wie heißt du?«

»Channeleh. Letzte Woche sind wir ins Dorf gekommen.«

Sie kam ihm bekannt vor, aber er konnte sich nicht daran erinnern, wo er sie getroffen haben mochte. Plötzlich wußte er es aber. Sie war das Mädchen, das er im siebenten Zimmer gesehen hatte, bevor er aufgewacht war.

»Du lagst hier wie tot. Ich fürchtete mich, als ich dich sah. Hast du geträumt? Dein Gesicht war so blaß, und deine Lippen haben sich bewegt.«

»Ja, ich habe geträumt.«

»Wovon?«

»Von einem Schloß.«

»Von was für einem Schloß?«

Menaseh antwortete nicht, und das Mädchen fragte nicht weiter. Sie machten sich zusammen auf den Heimweg. Nie zuvor hatte der Mond so hell geschienen, nie zuvor waren die Sterne so nah. Hinter ihnen gingen ihre Schatten her. Überall zirpten Grillen. Und Frösche quakten mit menschlichen Stimmen.

Menaseh wußte, daß sein Onkel böse auf ihn sein würde, weil er so spät nach Hause kam. Die Tante würde mit ihm schimpfen, weil er ohne Mittagessen gegangen war. Aber das machte ihm alles gar nichts mehr aus. In seinem Traum hatte er eine ganz merkwürdige Welt besucht. Und er hatte eine Freundin gefunden. Channeleh und er hatten schon ausgemacht, am nächsten Tag miteinander in die Beeren zu gehen.

Im Unterholz zwischen Pilzen tauchten kleine Leutchen auf in roten Jacken, goldenen Mützen und grünen Stiefeln. Sie tanzten im Kreis herum und sangen ein Lied, das nur der versteht, der weiß, daß alles lebt und nichts verlorengeht.

Isaac Bashevis Singer

Ein neues Gesicht

In einem großen Land lebte einmal ein Kaufmann. Er kaufte allerhand Dinge, große und kleine, und verkaufte sie wieder mit einem sehr guten Gewinn. Er kaufte Fabriken und Flüsse, Wälder und Stadtviertel, Bergwerke und Schiffe. Wenn Leute sonst nichts zu verkaufen hatten, kaufte er ihnen ihre Zeit ab, d. h., er ließ sie gegen Lohn für sich arbeiten und kaufte so ihre Muskeln oder ihr Gehirn. Er kaufte den Griff ihrer Arme für sein laufendes Band, den Tritt ihrer Füße für seine Essen, ihre Zeichnungen, ihre Schrift in seine Kontobücher.

Er war ein sehr großer Kaufmann und wurde ein immer größerer Kaufmann. Er war weit und breit sehr geachtet und wurde immer geachteter. Aber auf einmal bekam er eine arge Krankheit.

Eines Tages wollte er wieder einmal etwas kaufen, diesmal ein paar Zinngruben in Mexiko. Eigentlich wollte er sie nicht selber kaufen, sondern einige andere Leute sollten sie für ihn kaufen, damit er sie verkaufen konnte. Er wollte nämlich diese Leute betrügen.

Er verabredete sich mit ihnen in einem Bankhaus. Dort verhandelten sie mehrere Stunden miteinander, indem sie dicke Zigarren rauchten und dazu Zahlen aufschrieben.

Der große Kaufmann erzählte seinen Geschäftsfreunden, wieviel Geld sie bei diesem Geschäft verdienen konnten, und da er ein so geachteter Kaufmann war und nett und freundlich aussah, wie eben ein älterer, rosiger Kaufmann mit weißen Haaren und blanken Augen, glaubten sie ihm auch, wenigstens anfangs. Aber dann passierte etwas sehr Merkwürdiges. Er merkte plötzlich, daß die Herren ihn ganz eigentümlich ansahen, und dann rückten sie sogar ein wenig von ihm weg, während er sprach. Er sah an sich hinunter, ob an seinem Anzug etwas nicht in Ordnung war, aber sein Anzug war ganz in

Ordnung. Er wußte gar nicht, was los war. Die Herren standen mit einem Mal auf, und jetzt sahen ihre Gesichter ordentlich erschrocken aus, und sie sahen deutlich ihn an, und zwar wie etwas Schreckliches, vor dem man Angst hat. Und doch sprach er nicht anders als sonst, nett und freundlich, wie ein großer, geachteter Kaufmann.

Warum also hörte ihm niemand mehr zu, und warum gingen sie jetzt ohne jede Entschuldigung einfach hinaus und ließen ihn sitzen? Denn das taten sie.

Er stand ebenfalls auf, nahm seinen Hut und ging hinunter, um in sein Auto zu steigen. Da sah er noch, wie der Chauffeur furchtbar erschrak, als er ihn sah. Zu Hause eilte er sogleich zu einem Spiegel. Da sah er etwas Schreckliches: Aus dem Spiegel entgegen blickte ihm das Gesicht eines *Tigers*. Er hatte ein neues Gesicht bekommen! Er sah aus wie ein Tiger!

Bertolt Brecht

6. Das Gute und das Böse in der Welt

Die großen schwarzen Männer

Die Pygmäen, die sich vor dem Riesen Zom gerettet hatten, ließen sich am Ufer eines großen Flusses nieder. Doch auch hier hatten sie nicht lange Ruhe und Frieden. Große schwarze Männer mit Lanzen, Messern, Spießen und Schilden aus Nilpferdhaut kamen an den Fluß und sagten: »Dieses Land gehört uns.«

Die Pygmäen antworteten: »Nein, jetzt gehört es uns.«

Es entbrannte ein Kampf zwischen den großen und den kleinen Männern. Die Pfeile der Pygmäen prallten an den Schilden der großen schwarzen Männer ab. Die großen schwarzen Männer jagten die Pygmäen. Sie sandten ihre Speere aus: tfi, tfi, tfi. Die Pygmäen flohen, aber viele von ihnen wurden getötet, viele gefangengenommen. Die aber, die entkommen konnten, wandten sich auf der Flucht um und schossen Pfeile ab. So fielen auch viele große schwarze Männer. Niemand hob die Gefallenen auf. Der Tod war überall.

Die Pygmäen sagten: »Wir werden von hier weggehen und den großen Fluß verlassen.«

Die Frauen nahmen Körbe mit Essen und die Kinder und gingen voran. Die Krieger bildeten die Nachhut. Sie kamen zum Urwald und fanden dort einen guten Platz. Fleisch gab es genug, und sie beschlossen zu bleiben. Der Rauch des Feuers stieg zum Himmel.

Als die großen schwarzen Männer den Rauch sahen, sagten sie: »Dort, wo die hingegangen sind, ist sicher eine gute Gegend.« Und aufs neue kamen sie mit Speeren, Messern, Lanzen, Schilden aus Nilpferdhaut und sagten zu den Pygmäen: »Dieses Land gehört uns.«

Aber die Pygmäen erwiderten: »Nein, dieses Land gehört uns.

Bleibt beim großen Fluß, von wo ihr uns vertrieben habt.«

Und wieder entbrannte der Kampf. Die Pfeile der Pygmäen prallten an den Schilden der großen schwarzen Männer ab. Viele von ihnen fielen. Der Tod war überall.

Die Pygmäen sagten: »Wir wollen den Urwald verlassen und fortgehen.«

So kamen sie ins Gebirge: »Hier wollen wir bleiben. Mais und Bananen wachsen hier nicht, Wild gibt es hier auch nicht, aber wir sind hier gut verborgen.«

Aber wieder kamen die großen schwarzen Männer und sagten: »Wovon lebt ihr hier? Hier wächst nichts. Wild gibt es hier auch nicht. Ihr stehlt unsere Feldfrüchte, unser Wild und unsere Fische. Macht, daß ihr wegkommt!«

Und aufs neue zogen die Pygmäen weiter. Einige gingen in die Berge, andere zogen in das Land der untergehenden Sonne, die übrigen verbargen sich tief im Urwald. Die großen schwarzen Männer nahmen sich ihr Land.

Märchen der Pygmäen

Zwei Eisblöcke

Es waren einmal zwei Eisblöcke. Das Verhältnis zwischen ihnen war sehr kühl, was nicht verwunderlich ist. Der eine dachte: Warum kommt der andere nicht näher zu mir? Aber der andere Eisblock konnte nicht gehen und kommen. Da dachte der eine: Wenn der andere auftaut, dann taue ich auch auf. – Aber weil der andere Eisblock nicht von selbst auftaute, taute keiner von beiden auf.

So geschah es, daß keiner auf den anderen zukam und jeder noch mehr in sich selbst vereiste. Nach Monaten – oder war es nach Jahren? – entdeckte der eine Eisblock eines Mittags, als die Sonne strahlte, daß er schmelzen konnte, und er sah, daß er sich zu Wasser verflüssigte und daß er doch noch er selbst war. Auch der andere machte diese wunderbare Entdeckung. Über die ganz alltäglichen Wassergräben flossen sie aufeinander zu. Sie begegneten sich. Zwar spürten sie ihre Kälte noch, aber auch ihre Schwachheit und ihren guten Willen, ihre eigene Not und die der anderen. Sie fanden, daß sie einander nötig hatten und zusammenbleiben müßten.

Da kam ein Kind, und dann noch eins, und noch andere Kinder. Und die ließen kleine Schiffe auf dem großen, starken Wasser fahren. Die Eisblöcke sahen, daß die Kinder glücklich waren. Und diese Freude spiegelte sich wie eine Sonne im Wasser.

P. Cornelis

Die Geschichte von dem Honigtropfen

Es war einmal ein Jäger, der pflegte jeden Tag mit seinem Hund, an dem er über alles hing, in Wald und Steppe die wilden Tiere zu jagen.

Einmal geschah es, daß er in den Bergen in eine Höhle kam und dort eine tiefe Grube voller Bienenhonig fand. Er schöpfte den Honig in einen Schlauch, den er bei sich trug, und eilte dann ins nächste Dorf, ihn dort zu verkaufen.

Beim Laden eines befreundeten Ölhändlers blieb er stehen und bot dem Bekannten den Honig zum Verkauf an. Sie wurden sich auch schnell über den Preis einig. Als aber der Ölhändler den Honig aus dem Schlauch laufen ließ, da fiel ein Tropfen auf die Erde. Im Nu sammelten sich die Fliegen um ihn, und auf die wiederum schossen die Spatzen herab. Deren Zwitschern lockte die Lieblingskatze des Ölhändlers herbei, und sie sprang auf die leichte Beute. Als aber der Hund des Jägers die Katze sah, stürzte er sich auf sie und biß sie tot. Der Ölhändler konnte sich beim Anblick des toten Tieres nicht beherrschen, und in seiner Wut nahm er eine eiserne Stange und zerschmetterte damit dem Hund den Kopf.

Und der Jäger? Blieb der etwa ruhig? Nein, auch ihm trübte der Zorn den Verstand; er zog seinen Dolch und erschlug den Ölhändler... Als er sah, was er angerichtet hatte, da ergriff ihn das Grauen ob seiner schlimmen Tat, und er rannte nach Hause.

Als die Nachbarn des Ölhändlers erfuhren, was geschehen war, griffen sie zu ihren Waffen, und bald standen sich die beiden Dörfer, aus denen der Ölhändler und der Jäger stammten, in Kampfreihen gegenüber. Aber das war noch nicht genug: Jedes der Dörfer gehörte zu einem anderen König, und die erklärten nun einander den Krieg. Die Armeen stießen in einer schrecklichen Schlacht zusammen, und es gab ein grausames Gemetzel. Sie hieben aufeinander ein, bis viel Volk gefallen war, so viele, daß nur Allah, der Erhabene, ihre Zahl kennt. Und das alles hatte ein einziger Tropfen Honig verschuldet.

Märchen aus »Tausendundeine Nacht«

Wie Piriereura den Bruder beschützte

Auf einer Insel im Ozean lebten ein Mann und eine Frau mit ihren Kindern, einem Knaben und einem Mädchen. Das Mädchen hieß Piriereura, das bedeutet »Die Unzertrennliche«. Obwohl Piriereura nicht viel älter war als ihr Bruder, liebte sie ihn, wie eine Mutter ihr Kind liebt. Sie tat alles, was er wollte, begleitete ihn auf seinen abenteuerlichen Ausflügen in den Wald oder ans Meer und bewachte jeden seiner Schritte. **121**

Der Knabe suchte selbst den Schutz seiner Schwester, denn die Mutter Tarekore-kore war böse und streitsüchtig und schlug ihn wegen jeder Kleinigkeit. Der Vater war gegen seine Frau machtlos. Selbst wenn es sehr arg wurde und dem Jungen eine harte Strafe drohte, nahm Piriereura die Schuld auf sich, um den geliebten Bruder nicht leiden zu sehen.

Eines Abends nahm die Mutter Tarekore-kore noch spät ihren Korb und eine Fackel und ging ans Meer. Bald hatte sie den ganzen Korb mit Fischen gefüllt und kehrte nach Hause zurück. Sie briet die Fische in heißer Asche, und als sie rundherum goldbraun waren, weckte sie den Mann zum Essen. Die Fische dufteten so verlockend, daß der Mann sich nicht lange bitten ließ. Er setzte sich auf, und beide ließen es sich schmecken.

»Wir sollten die Kinder wecken, damit auch sie sich satt essen können, solange die Fische warm sind!«, schlug der Vater vor. »Sie werden schon nicht Hungers sterben!«, murrte Tarekore-kore. »Ich will jetzt meine Ruhe haben. Ich werde die Fische in einen Korb geben, und wenn die Kinder morgen früh aufwachen, werden sie froh sein, etwas Eßbares zu finden.«

Dann nahm sie die Fische aus der Asche und warf sie in einen Korb. Der Mann wollte keinen Streit und schwieg. So gingen sie schlafen, und bald war nur noch das Rauschen des Meeres und der Palmen zu hören. Dennoch hätte ein aufmerksamer Beobachter noch etwas vernehmen können: das verhaltene Schluchzen der beiden hungrigen Kinder, die nicht schliefen. Der leichte Nachtwind wehte den verlockenden Duft der gebackenen Fische bis zu ihnen, doch weil sie die Worte der Mutter gehört hatten, wagten sie nicht aufzustehen. Die Kinder lagen hungrig auf ihrem Lager, die tränennassen Gesichter aneinandergepreßt. Piriereura flüsterte dem Bruder ins Ohr:

»Komm, laß uns fliehen. Ich kann es nicht länger mit ansehen, daß du hungrig schlafen gehen mußt. Künftig werde ich für dich sorgen.«

»Wohin sollen wir denn gehen?«, schluchzte der Kleine. »Sie wird uns finden und strafen!«

Piriereura machte dem Bruder Mut, obwohl sie selber weinte und Angst hatte. Schließlich schlichen sie leise aus der Hütte und machten sich auf den Weg ohne Ziel. Bald gelangten sie ans Meer. Dort kletterten sie die Felsen höher und höher hinauf. Dabei weinten sie noch immer bitterlich. Als sie ganz oben angekommen waren, suchten sie sich einen geschützten Platz zwischen zwei großen Felsblöcken, in den sie sich hineinschmiegen konnten. Und selbst der Stein hatte Mitleid mit den Kindern und strahlte Wärme aus, damit es ihnen nicht kalt würde. Von ihrem Versteck aus konnten sie das Meer zwar nicht sehen, doch hörten sie die Brandung gegen die Felsen schlagen, und große Angst überkam sie. Das matte Licht des Mondes und der Sterne am Firmament waren ihr einziger Trost.

Piriereura blickte hinauf und sagte: »Schau, dort oben könnte die Mutter uns nicht finden. Laß uns dorthin gehen.«

Dann schlang sie die Arme um den Bruder und stieß sich kräftig vom Felsen ab.

Am nächsten Tag, als der Morgenstern langsam verblaßte, wollte Tarekore-kore die Kinder wecken und ihnen die kalten Fische vorsetzen. Doch das Lager war leer und noch naß von den Kindertränen. Die Frau weckte ihren Mann und schimpfte: »Da siehst du es, fort sind sie, sie machen immer, was sie wollen. Wenn sie heimkommen, werde ich beide streng bestrafen!«

Doch die Kinder kamen nicht. Als die Sonne schon hoch am Himmel stand, machten die Eltern sich auf den Weg, um Piriereura und ihren Bruder zu suchen. In den Felsen fanden sie das Versteck. Die Mutter erschrak, denn sie dachte, die Kinder wären abgestürzt und im Meer ertrunken. Sie trieb ihren Mann zur Eile an, und schließlich standen sie auf einem Felsvorsprung, von dort blickten sie ratlos und sorgenvoll aufs Meer hinunter.

»Dort sind sie!«, rief der Mann plötzlich und zeigte zum Himmel hinauf. Und wirklich! Hoch oben am blauen Firmament liefen beide Kinder. Pirireura hielt den Jungen an der Hand. Sie entfernten sich mehr und mehr, und ihre Gestalten wurden immer kleiner; nur ihr fröhliches Lachen und Jauchzen war deutlich zu hören.

»Bleibt sofort stehen!«, rief die erboste Mutter ihnen nach, stieß sich ab und sprang. Der Mann folgte ihr, und beide liefen so schnell sie konnten den Kindern nach...

Doch Pirireura und ihr Bruder hatten schon einen großen Vorsprung. Sie lachten, sprangen vergnügt weiter und kümmerten sich nicht um die Rufe der Mutter.

Wenn die Nacht hereinbricht und der Himmel die Farbe der dunkelsten Muschel annimmt, könnt auch ihr Pirireura und ihren Bruder als Sterne sehen. Sie drängen sich noch immer wie schutzsuchend eng aneinander. Auch der Vater und die zürnende Mutter Tarekore-kore eilen über den Himmel. Doch die Entfernung von Stern zu Stern ist unendlich! Die Bewohner der Insel im Ozean erzählen sich schon seit undenklichen Zeiten die Geschichte von Pirireura und ihrem Bruder, sie erzählen aber auch, daß die Eltern – mögen sie sich anstrengen, so sehr sie wollen – den Kindern nicht ein Stückchen näher gekommen sind.

Märchen aus Neuseeland

Unfähig zu streiten

Zwei Weise hatten viele Jahre miteinander gelebt, und nie hatte es zwischen ihnen Streit gegeben. Zu guter Letzt sagte der eine zum andern: »Einmal wollen wir doch versuchen, uns genauso wie andere zu streiten.«

Der andere entgegnete: »Aber wie geht das vor sich?«
Darauf der eine: »Schau, hier lege ich einen Ziegelstein zwischen uns, und ich sage: ›Er gehört mir‹, und du sagst: ›Nein, mir gehört er‹, und dann geht der Streit los.«
Also legten sie einen Ziegelstein zwischen sich. Und der eine sagte: »Er gehört mir.« Darauf der andere: »Nein, mir gehört er.« Und jener erwiderte: »Ja, tatsächlich, alles gehört dir, also nimm ihn an dich!«
Und außerstande, miteinander in Streit zu geraten, entfernten sie sich.

Yushi Nomura

Die Niederlage und der Sieg

Einmal trafen sich auf der Landstraße die Niederlage und der Sieg. Auf den Schultern der Niederlage lagen Tote und Verwundete. Auf den Schultern des Sieges lagen schwere Panzer und Gewehre. Die Niederlage war nur spärlich bekleidet mit Fetzen und Lappen. Der Sieg war angezogen mit Wolle und Leder, und goldene Medaillen prangten an seiner Brust.

Beide gerieten ins Gespräch. Die Niederlage begann, von ihren Leiden zu erzählen und von ihrer schweren Bürde. Der Sieg hingegen schlug sich stolz auf seine Brust, zeigte auf seine Trophäen und auf seine modernsten Waffen. Neidvoll blickte Frau Niederlage auf Herrn Sieg.

Plötzlich schrien beide schrecklich auf. Beide brachen unter ihrer schweren Last zusammen.

Am Boden liegend, begann die Niederlage den Sieg zu bemitleiden: »Der Arme, vor einigen Minuten schien er der Herr der Welt zu sein, und jetzt liegt er mit seiner ganzen Pracht in der Pfütze.«

Aber auch der Sieg beneidete die Niederlage: »Sie ist glücklich, an Not und Schmach gewöhnt. Sie trägt ihr Schicksal mit Ruhe, weil sie daran gewöhnt ist. Aber wie soll ich wieder hochkommen? Die Erinnerung an meine Vergangenheit drückt mich noch mehr nieder.«

Als sie so beide am Boden nebeneinander lagen, beschlossen sie, einander zu helfen, weder zu beneiden noch zu bemitleiden, sondern sich aus dem Staub zu erheben und ohne störende Last miteinander friedlich ihren Weg fortzusetzen.

Bevor sie sich auf ihren neuen Weg machten, begruben sie ihre Toten, aber auch ihre – Waffen.

Märchen aus Israel

Die ersten Erdbeeren

Als die Erde noch jung und alles anders war, da lebten nur zwei Menschen, ein Mann und eine Frau. Der Mann ging auf die Jagd, die Frau besorgte das Haus, und sie waren glücklich. Nach einem Jahr jedoch trübte sich das Glück, und als zwei Jahre vergangen waren, verschwand es ganz. Kaum waren drei Jahre vorüber, da nahm der Streit kein Ende mehr.

Der Frau gefiel dieses Leben nicht. Sie entschied sich, fortzugehen, und machte sich auf den Weg nach Osten, wo das Sonnenland lag.

Am Abend kam der Mann von der Jagd zurück und fand das Haus leer. Er rief nach der Frau und suchte sie, doch vergebens. Ihre Spuren sagten ihm, daß sie sich nach Osten gewandt hatte.

Die Frau wanderte ohne Pause immer weiter, und der Mann folgte ihr und rief ihren Namen. Aber sie hörte es nicht und drehte sich nicht um. Der Mann konnte sie nicht einholen. Das sah die Sonne am Himmel. Sie blieb stehen und fragte: »Hast du deine Frau gern, Mann?«

»Ich habe sie gern!«, antwortete der Mann.

»Willst du sie wiederhaben?«, fragte die Sonne.

Der Mann bejahte.

Da stellte die Sonne ihm die dritte Frage:

»Wirst du dich auch weiterhin mit deiner Frau streiten?«

»Das soll nie mehr vorkommen!«, gelobte der Mann.

»So werde ich sie anhalten«, sagte die Sonne. Sie blinkte zur Erde hinab, und plötzlich reiften schöne Blaubeeren. Aber die Frau achtete nicht darauf und ging weiter.

Die Sonne blinkte ein zweites Mal, da standen reife Himbeeren am Wege. Doch die Frau bemerkte sie nicht und ging weiter.

Die Sonne schüttelte den Kopf und blinkte das dritte Mal. Im Gras vor der Frau reiften herrliche rote Beeren. Es waren die ersten Erdbeeren auf der Welt. So schöne Früchte hatte die Frau noch nie gesehen. Sie blieb stehen und bückte sich. Dabei wandte sie das Gesicht rückwärts, und in diesem Augenblick erinnerte sie sich an ihren Mann. Sie setzte sich ins Gras, und je länger sie so da saß, desto stärker wurde in ihr die Sehnsucht. Da pflückte sie ein Sträußchen Erdbeeren und kehrte um. Auf halbem Weg traf sie ihren Mann. Sie reichte ihm die Erdbeersträußchen, und er nahm sie in seine Arme.

So kehrte der Mann und die Frau in die Heimat zurück. Und sie brachten die Erdbeeren mit, die so süß schmeckten wie jede Versöhnung.

Märchen der Indianer

7. Narrenwelt

Des Bettlers Reise in den Himmel

Fünf Minuten von einem Dorfe entfernt stand ein Häuschen, in dem ein Bettler mit seiner Frau lebte. Sie hatten viel Geld angehäuft: Dukaten und Silbergeld.

Davon erfuhren fünf Studenten. Sie gingen zu dem Bettler und erzählten ihm, sie wüßten, daß er lebendig in den Himmel käme, aber er müsse alles Geld mitnehmen, das ihm gehörte. In sieben Tagen wäre es soweit. Fünf Engel würden ihn holen. Vier sollten ihn tragen und der fünfte das Geld. Um zwölf Uhr nachts kämen sie zu ihm, er sollte nur alles schon vorbereiten. Die fünf Studenten zogen sich Priestergewänder an und nahmen auch eine Lampe mit.

Als der siebente Abend herankam, machten sie sich auf und gingen zum Haus des Bettlers. Sie sangen dabei:

> *»O heiliger Josef, Bettler auf Erden,*
> *sollst glücklich jetzt im Himmel werden.*
> *Dein Gold und Silber, das irdische Glück,*
> *laß nicht in dieser Welt zurück.«*

Als der Bettler dies hörte, sagte er zu seiner Frau: »Schnell, öffne die Truhe mit den Dukaten und Talern!«

Fortwährend sangen die Studenten, während die beiden in der Hütte das Geld in einen Sack taten.

> *»O heiliger Josef, Bettler auf Erden,*
> *auch deine Frau soll glücklich werden.*
> *Wir kommen sie holen, sie bleibt nicht allein,*
> *ihr werdet zusammen im Himmel sein!«*

Der heilige Josef, der Bettler, sagte zu seiner Frau: »Frau, hörst du, sie kommen auch dich holen.«

Die Studenten nahmen den Sack mit dem Geld und steckten den Bettler Josef in einen andern Sack, den ihnen die Frau des Bettlers geben mußte. Vier nahmen ihn auf die Schultern. Der fünfte trug das Geld, und dazu sangen sie:

»O heiliger Josef, dein Geld wiegt schwer.
Hab Dank – du brauchst es auf Erden nicht mehr!«

Singend gingen sie mit ihm davon. Eine Viertelstunde vom Hause entfernt war ein großer, aber flacher Pfuhl. Hier blieben sie stehen und sangen leise und feierlich:

»O heiliger Josef, gib fein acht,
jetzt wirst du in den Himmel gebracht!«

Dann schaukelten sie den Sack mit dem Bettler hin und her und ließen ihn mitten in den Pfuhl fallen.

»O heiliger Josef, laß dich loben –
und grüße uns den Himmel droben!«

Dann löschten sie ihre Lampe, ergriffen den Sack mit dem Geld und liefen davon. Der Bettler krabbelte aus dem Pfuhl heraus und ging nach Hause. Dort schrie er seine Frau an, warum sie einen so morschen Sack gegeben habe, deshalb sei er den Engeln aus den Händen gefallen. Er sagte: »Ich danke Gott, daß der Pfuhl da war, sonst wäre ich gar zerschmettert. Aber jetzt warten wir, bis sie dich holen kommen, und dann halten wir uns richtig fest.«
Märchen aus der Slowakei

Die schlaue Schnecke

Ein Pferd lief einen Weg entlang und sah eine Schnecke. Das Pferd fand es äußerst komisch, daß die Schnecke sich so langsam fortbewegte, und wieherte laut heraus: »Ho-ho-ho-ho! Was bist du für ein Schnelläufer! Nach hundert Jahren wirst du hundert Schritt weit gekrochen sein.«

Darauf entgegnete die Schnecke: »Ich bin ausgegangen, um frische Luft zu schöpfen, und sehe nicht die mindeste Veranlassung, mich zu beeilen. Aber wenn wir beide zum Wettlauf starten, verbürge ich mich, nie mehr als hundert Schritte hinter dir zurückzubleiben.«

»Ho-ho-ho-ho! Was für eine Angeberin!«, wieherte das Pferd noch einmal.

Da sprach die Schnecke: »Komm morgen früh bei Sonnenaufgang hierher, und wir starten zum Wettlauf. Bleibe ich mehr als hundert Schritt hinter dir zurück, magst du mich unter deinem Huf zertreten.«

Das Pferd war natürlich sofort einverstanden.

Am gleichen Tag noch versammelte die Schnecke all ihr Verwandten um sich, es waren genau zehntausend, und befahl ihnen, sich längs des Wegs im Gras zu verstecken, immer hundert Schritt voneinander entfernt.

Bei Sonnenaufgang kam das Pferd den Weg gelaufen. »Nun, Frau Prahlerin«, sagte es zur Schnecke, »ihr seid vermutlich noch immer fest entschlossen, euer Leben unter meinem Huf zu beenden. Ich rate euch, solange es noch nicht zu spät ist, vom Wettlauf abzusehen.«

Die Schnecke erwiderte: »Solltest du Angst haben zu verlieren, bin ich bereit, auf unsern Wettstreit zu verzichten.«

Hier konnte das Pferd nicht mehr an sich halten. Und mit dem Schrei: »Hol mich ein!« rannte es los.

Nach hundert Schritten blickte es sich um und sah nicht weit hinter sich die Schnecke. Das Pferd rannte weiter. Diesmal jagte es gleich zweihundert Schritt davon und rief, ohne sich umzusehen, spöttisch: »Na, wo bist du denn steckengeblieben, du kläglicher Gernegroß?«

»Schau dich um, und dann siehst du mich hundert Schritt von deinem Huf«, hörte es eine ruhige Stimme sagen.

Das Pferd blickte sich um und tatsächlich: Weniger als hundert Schritt von ihm entfernt kroch, als sei nichts dabei, die Schnecke.

Das völlig verblüffte Pferd rannte von neuem los. Es legte vierhundert Schritt zurück, sah sich um, und wieder war ganz in seiner Nähe die Schnecke. Ohne anzuhalten, jagte das Pferd weiter. Und jedesmal, wenn das Pferd im Lauf Umschau hielt, sah es ganz in seiner Nähe die Schnecke.

Keuchend stürmte das Pferd in Windeseile dahin, schneller und schneller. Doch alles blieb, wie es war: Ständig erschien die Schnecke unweit des Pferdes. Schließlich fiel das erschöpfte Pferd mitten auf dem Weg kraftlos nieder. Weiterlaufen konnte es nicht mehr. Da kroch die Schnecke zu ihm hin, lachte und sagte: »Du dachtest wohl, du könntest mich besiegen, weil du vier Beine hast? Weit gefehlt? Es siegt nicht der, der gute Beine hat, sondern der, der einen guten Kopf hat.«

Märchen aus Burma

Von Großvater Jegorijs lustigen Streichen

Großväterchen Jegorij, das war vielleicht ein Schlaumeier! Er hatte mehr Verstand im Kopf als der ganze Zarenrat zusammen. Aber außer seinem Verstand besaß er gar nichts, nur ein **133** altes Wagenrad und eine alte Ziege. Das Rad zerbrach, und die Ziege gab keine Milch mehr. Also verbrannte Großväterchen Jegorij das Wagenrad, wärmte sich am Feuer, und dann ging er in die Stadt, um die Ziege zu verkaufen.

Doch wer kauft schon eine alte Ziege, die keine Milch mehr gibt? Nicht einmal geschenkt wollten sie sie haben, und so mußte Großväterchen Jegorij wieder mit seiner Ziege nach Hause ziehen. Unterwegs kam er durch einen Wald. Und im Wald begegnete er einer Kutsche, in der saß ein Herr, der Gutsherr der Nachbarherrschaft.

»Großvater, was machst du denn mit der Ziege im Wald?«, fragte der Herr verwundert.

»Ach, wir jagen nur Wölfe.«

»Seit wann jagen Ziegen Wölfe?«

»Meine Ziege jagt welche, hoher Herr. Es ist eine besonders abgerichtete Ziege.«

»So verkauft mir die Ziege, Großväterchen!«

»Was denkt ihr, hoher Herr, die Ziege verdient mir doch meinen Lebensunterhalt.«

»Ich gebe dir hundert Rubel.«

»Andere haben schon dreihundert geboten!«

»Dann gebe ich dir zweihundert.«

»Also gut, zweihundert.«

»Und die Ziege überwindet tatsächlich einen Wolf?«

»Mit einem fängt sie gar nicht erst an, da wartet sie schon auf den zweiten, und dann nimmt sie es mit allen beiden auf!«

Der Herr gab Großväterchen Jegorij die zweihundert Rubel, und der Großvater ging zufrieden nach Hause.

Der Gutsherr aber wollte die Ziege gleich ausprobieren.

Er band sie an einen Baum und wartete, bis die Wölfe kämen.

Erst kam *ein* Wolf. Die Ziege begann zu meckern, wackelte mit dem Schwanz, sträubte die Haare und schüttelte den Kopf.

»Siehst du«, sprach der Herr zu seinem Kutscher, »sie ist schon wütend. Wie sie mit dem Schwanz wackelt! Jetzt wartet sie schon auf den zweiten Wolf, und dann zerreißt sie alle beide auf einmal.«

Da kamen noch zwei Wölfe gelaufen, und ehe es sich der Gutsherr versah, sprangen sie auf die Ziege und verschlangen sie wie eine Himbeere.

»Das war aber eine dumme Ziege«, seufzte der Gutsherr. »Ein Wolf war ihr zuwenig, und mit dreien konnte sie nicht fertig werden. Das kommt davon, wenn man nie genug kriegen kann.«

Und er stieg wieder in die Kutsche und fuhr davon.

Einige Tage später ging Großväterchen Jegorij am Herrenhof vorbei. Dort zog gerade ein Knecht mit aller Kraft einen alten, störrischen Esel aus dem Tor. Der Esel stellte sich auf die Hinterbeine und wollte keinen einzigen Schritt machen.

Der Gutsherr, der dabeistand, sagte: »Ist das aber ein Dummkopf, dieser Esel!«

Da ließ sich Großväterchen Jegorij hören: »Sag das nicht, hoher Herr. So ein Esel ist klüger als mancher Mensch. Sogar schreiben und lesen kann er lernen.«

»Das ist nicht wahr!«

»Wie sollte es nicht wahr sein? Was gebt ihr mir, hoher Herr, wenn ich dem Esel in zehn Jahren das Schreiben und Lesen beibringe?«

»Hundert Rubel! Aber wenn er es nicht lernt, lasse ich dir den Kopf abschlagen.«

»Gut, es gilt. Und wenn ihr mir noch hundert Rubel dazugebt, so bringe ich ihm noch das Rechnen bei.«

»Hier hast du zweihundert Rubel, aber merke dir, ich werde in zehn Jahren den Esel persönlich prüfen.«

Großväterchen Jegorij nahm die zweihundert Rubel und den Esel und ging nach Hause. Dort schimpfte ihn seine Frau aus: »Was nützt uns all das Geld, wenn sie dir den Kopf abschlagen. Wer hat denn je gehört, daß ein Esel das Schreiben und Lesen lernen kann?«

»Mach dir nur keine Sorgen«, beruhigte sie Großväterchen Jegorij.

»Ich bin schon alt, der Gutsherr ist auch alt, und der Esel ist auch alt. In zehn Jahren stirbt bestimmt einer von uns dreien. Entweder sterbe ich, und dann kann niemand den Esel unterrichten. Oder der Esel stirbt, und dann kann er auch nichts lernen. Oder es stirbt der Gutsherr, und wer sollte mir dann den Kopf abschlagen?«

Märchen aus der Ukraine

Pfänderspiel und Pappenstiel

Ein Nachbar ließ sich beim Schuster Schuhe machen, doch dann konnte er sie nicht bezahlen. Der Schuster mahnte den guten Nachbarn einmal, zweimal, dreimal. Schließlich wurde er dessen leid. Als er dem Nachbar zum vierten Mal begegnete, sagte er:

»Hört, Nachbar. Ich sehe, ihr habt kein Geld. Das tut gar nichts. Wenn ihr wollte, könnt ihr mir die Schuhe bezahlen, ohne daß es euch einen Groschen kostet.«

»Und wie?«

»Ganz einfach! Es genügt, wenn ihr von nun an immer und überall nur ›Pfänderspiel‹ oder ›Pappenstiel‹ sagt, nichts anderes. Und das so lange, bis wir uns wiedersehen. Abgemacht?«

»Pfänderspiel, Pappenstiel!«, antwortete der Nachbar vergnügt und eilte nach Hause. Da es schon spät war, empfing ihn seine Frau:

»Wo bist du so lange gewesen, du Strolch?«

Und der Nachbar antwortete:

»Pfänderspiel!«

»Was sagst du da?«

»Pappenstiel!«

»Ja, was ist denn mit dir los?«

»Pfänderspiel!«

»Mein Gott, der Mann ist verrückt geworden!«

»Pappenstiel!«

»Tatsächlich!«, jammerte die Frau und lief zur Nachbarin.

»Nachbarin, um Gottes willen, mein Mann ist verrückt geworden! Er sagt immer wieder nichts anderes als ›Pfänderspiel‹ und ›Pappenstiel‹. Als hätte er den Verstand verloren. Kommt und seht ihn euch an!«

Die Nachbarin ging mit, um sich den Nachbarn anzusehen.

»Sagt, Nachbar, was ist los?«

»Pfänderspiel!«

»Was sagt ihr?«

»Pappenstiel!«

»Meiner Seel, er ist wirklich verrückt!«

»Pfänderspiel!«

»Am besten, wir holen schleunigst den Bürgermeister!«

»Pappenstiel!«

Die beiden Frauen eilten davon, um den Bürgermeister zu holen.

»Herr Bürgermeister, der Nachbar ist verrückt geworden. Er antwortet auf alles nur ›Pfänderspiel‹ und ›Pappenstiel‹. Kommt und seht ihn euch an!«

Nun eilte auch der Herr Bürgermeister zum Nachbarn:

»Na, Nachbar, was ist mit euch geschehen?«

»Pfänderspiel!«

»Aber Nachbar, so spricht man doch nicht mit dem Bürgermeister!«

»Pappenstiel!«

»Seid doch vernünftig, Nachbar!«

137

»Pfänderspiel!«

»Seht euch vor, Nachbar!«

»Pappenstiel!«

»Meiner Treu, er ist verrückt«, stellte nun auch der Bürgermeister fest.

Nach zwei Tagen hieß es im ganzen Dorf, der arme Nachbar wäre verrückt geworden. Am dritten Tag begegnete unser Schuster dem Bürgermeister.

»Guten Tag, Herr Bürgermeister, was gibt es Neues?«, fragte der Schuster höflich.

»Was sollte es schon Neues geben, Meister«, antwortete der Bürgermeister. »Nichts, außer daß euer Nachbar verrückt geworden ist.«

»Was ihr nicht sagt, Herr Bürgermeister! Das glaube ich nicht.«

»Glaubt es getrost. Ich habe mich selbst überzeugt: Er ist verrückt.«

»Und ich sage euch, Herr Bürgermeister, er ist nicht verrückt!«

»Und ich sage, er ist es!«

»Nein!«

»Ja!«

»Ich wette mit Ihnen, Herr Bürgermeister!«

»Wetten wir!«

»Abgemacht, um fünfzig Gulden!«

»Abgemacht!«

Und der Bürgermeister und der Schustermeister schlugen herzhaft ein. Da erschien wie gerufen der Nachbar auf dem Dorfplatz. Der Schuster rief ihm zu: »He, Nachbar, kommt her!«

»Ich komme!«, antwortete der Nachbar. »Ach, Meister, bin ich froh, daß ich euch sehe. Wegen eurer Schuhe glaubt nun das ganze Dorf, daß ich verrückt geworden bin. Ich habe sie teuer bezahlen müssen!«

Der Bürgermeister stand wie versteinert da. Er wollte seinen

Ohren nicht trauen. Der Nachbar redete wieder wie jeder vernünftige Mensch.

Der Schuster lachte nur:

»Der Bürgermeister hat sie noch teurer bezahlen müssen. Er hat euretwegen an mich fünfzig Gulden verwettet!«

So bekam der Schuster für seine Schuhe doch noch seinen Lohn. Der Nachbar hingegen ließ sich nie mehr Schuhe auf Borg machen, und der Bürgermeister wettete niemals wieder.

Märchen aus Frankreich

Mike Fink

Mike Fink, der berühmte Schiffer und noch berühmtere Scharfschütze, fuhr mit einer Ladung Salz flußabwärts.

»Kapitän«, sagte eines Tages der Schiffsjunge, »das Fleisch ist alle. Was soll ich heute zu Mittag kochen?«

»Wart ein Weilchen«, rief ihm Fink zu, »ich werde mir etwas ausdenken.«

Auf der Wiese am Fluß weidete eine große Herde Schafe, die von einem Schäferhund bewacht wurde. Mike Fink steuerte das Boot zum Ufer.

Er öffnete eine Kiste, holte daraus eine Schachtel mit Schnupftabak hervor und steckte sie in die Tasche. Dann stieg er ans Ufer, warf dem Schäferhund ein Stück Brot zu und lief zu den Schafen.

Fünf von ihnen fing er ein und beschmierte ihre Schnauzen mit Schnupftabak.

Danach rief er dem Schiffsjungen zu, er solle schnell in die nahe Farm laufen und dem Farmer bestellen, daß er sofort zum Fluß kommen müsse.

»Sag ihm«, rief er dem Schiffsjungen noch nach, »daß alle seine Schafe verenden werden, wenn er nicht gleich da ist.«

Nach einer Weile kam der Schiffsjunge zurückgelaufen, ihm auf den Fersen ein dicker Farmer.

»Da, schaut euch die Bescherung an«, sagte Mike Fink und zeigte auf die Herde. Die Schafe niesten, prusteten, wischten sie die Mäuler im Gras und taumelten wie betrunken.

»Da bin ich aber baff!«, wunderte sich der Farmer, »noch heute früh waren alle in bester Ordnung. Was mögen sie jetzt nur haben?«

»Ihr wißt es nicht? Und ihr seid ein Farmer?«, rief Fink mitleidig aus. »Habt ihr denn noch niemals von der Rinderpest gehört?«

Der Farmer erschrak: »Ihr glaubt wirklich, meine Schafe hätten die Rinderpest?«

»Ich glaube es nicht nur, ich weiß es. Die Rinderpest erkennt man doch auf den ersten Blick. Die Seuche hat alle Weideplätze oben am Fluß heimgesucht, unzählige Schafe und Kühe liegen in der Prärie, alle viere von sich gestreckt. Zwei Farmer haben über diesem Unglück schon den Verstand verloren.«

»Und gibt es gegen die schreckliche Krankheit denn keine Arznei?«, stotterte der dicke Farmer.

Mike Fink seufzte: »Da gibt es nur eine einzige Arznei, nämlich die angesteckten Schafe zu erschießen, damit sich die Seuche nicht auf die ganze Herde verbreitet.«

»Aber wie kann ein Mensch allein fünf angesteckte Schafe von einer großen Herde abteilen und sie erschießen?«

Es gibt nur einen Mann in der Gegend, der das zuwege bringt, und der bin ich, Mike Fink.

Der Farmer lachte übers ganze Gesicht: »Nun, das ist etwas anderes. Da sag ich kein weiteres Wort. Wenn Mike Fink hier ist, bin ich ohne Furcht. Hättet ihr also die Liebenswürdigkeit mir zu helfen, die kranken Schafe zu erschießen und zu vergraben?«

Aber Mike Fink ließ sich bitten.

»Ich weiß nicht, Farmer, wäre es nicht besser, ihr beratet euch noch mit den übrigen Farmern in der Umgebung? Vielleicht irre ich mich. Und dann, wenn wir die Schafe vergraben, könnte sie der Schakal in der Nacht ausgraben und die Seuche auf die ganze Herde übertragen.«

Der Farmer wollte nun Fink überreden, er solle die erschossenen Schafe in den Fluß werfen.

»Gott behüte!«, wehrte sich Mike Fink, »das Wasser ist mir heilig. Und der Fluß ganz besonders. Durch das Wasser verbreitet sich die Ansteckung so leicht, daß in einer Woche die ganze Gegend von der Rinderpest befallen wäre.«

»Und wie, wenn ihr die Schafe auf euer Schiff nehmt und sie dann an einem öden Platz vergrabt, wo es keine Schafe gibt?«, versuchte der Farmer Fink zu überreden.

»Das wäre vielleicht möglich – vielleicht sage ich«, sprach Mike Fink nachdenklich, »aber umsonst könnt ihr das nicht von mir verlangen.«

»Ich will es ja nicht umsonst von euch«, sagte der Farmer freudig, »ihr bekommt ein Fäßchen Pfirsichschnaps, wenn ihr mir aus dem Schlamassel helft.«

Mike Fink willigte großmütig ein und zog seine Pistole aus der Tasche.

Zum Abendessen gab es Lammbraten und duftenden Pfirsichschnaps.

Und der Mond blinzelte schelmisch auf Mike Fink, den berühmten Schiffer und noch berühmteren Scharfschützen, herab.

Märchen aus Nordamerika

8. Gottes Wirken in der Welt

Die Maus mit der großen Seele

Unter den vielen, vielen Tieren der Schöpfung lebte eine kleine Maus mit einer ganz, ganz großen Seele. Eine Seele zu haben, war ja der Wille des Schöpfers. Aber gleich eine so große?!
Manchmal meinte die kleine Maus, sie wäre ein einziges Ohr.
Kann man sich vorstellen, nur Ohr zu sein?
Alles zu hören, selbst die feinsten Klageschreie der gejagten Kreatur?
Immer wenn sie so ganz Ohr war, wünschte sich die Maus einen Berg von Watte, um nichts mehr hören zu müssen. Denn was sie hörte, machte ihr Angst, schreckliche, peinigende Angst, so daß sie sich selber vorkam, als sei sie von tausend Katzen umstellt.
Manchmal meinte die kleine Maus, sie wäre ein einziges Auge.
Kann man sich vorstellen, nur Auge zu sein?
Alles zu sehen, selbst die unscheinbarsten Wunden der geplagten Kreatur?
Immer wenn sie so ganz Auge war, wünschte sich die Maus einen Berg von Tüchern, um nichts mehr sehen zu müssen. Denn was sie sah, machte ihr Angst, schreckliche, peinigende Angst, so daß sie sich vorkam, als stäke sie in einer gräßlichen Falle.
Manchmal meinte die kleine Maus, sie wäre eine einzige Nase.
Kann man sich vorstellen, nur Nase zu sein?
Alles zu riechen, was zum Himmel stinkt in der Welt der verzagten Kreatur?
Immer wenn sie ganz Nase war, wünschte sich die Maus ein Faß voll Parfüm, um nichts riechen zu müssen. Denn was sie roch, machte ihr Angst, schreckliche, peinigende Angst, so daß sie sich vorkam, als säße sie mitten im Speck voller Gift.
In ihrer Not ging die kleine Maus zum Schöpfer. »Lieber Herr«, sagte sie, »ich möchte keine große Seele. Ich habe zuviel Angst und kann bald nicht mehr leben.«

Gütig antwortete ihr der Vater des Lebens: »Sag mir, ist es die Wirklichkeit, die du hörst, siehst und riechst?« –

»Ja«, antwortete die kleine Maus mit der großen Seele.

»Nein«, sagte der Herr geduldig, »es ist nicht die Wirklichkeit, es ist die Fratze der Wirklichkeit. Ich verstehe, daß du Angst hast. Aber ich brauche deine große Seele, damit das wirkliche Leben zum Vorschein kommen kann. Ich will dir helfen, daß aus dem Hören das Begreifen, aus dem Sehen das Erkennen und aus dem Riechen das Empfinden für meine Wahrheit wird.«

Glücklich ging die kleine Maus mit der großen Seele nach Hause, wußte sie doch nun, daß sie wichtig war und nicht allein und voller Kraft.

Peter Spangenberg

Das Feld der Bruderliebe

Ein Vater ließ seinen zwei Söhnen ein Getreidefeld als Erbstück zurück. Sie teilten das Feld ehrlich unter sich. Der eine Sohn war reich und unverheiratet, der andere arm und mit Kindern gesegnet.

Einmal, zur Zeit der Getreideernte, lag der Reiche in der Nacht auf seinem Lager und sagte zu sich: »Ich bin reich, wozu brauche ich die Garben? Mein Bruder ist arm, und das einzige, was er für seine Familie braucht, sind die Garben.«

Er stand vom Bette auf, ging auf seinen Feldanteil, nahm eine ganze Menge von Garben und brachte sie auf das Feld seines Bruders.

In derselben Nacht dachte sein Bruder: »Mein Bruder hat keine Frau und keine Kinder. Das einzige, woran er Freude hat, ist sein Reichtum. Ich will ihn vermehren.«

145

Er stand von seinem Lager auf, ging auf seinen Feldanteil und brachte seine Garben auf das Feld seines Bruders.

Als beide in der Frühe ihr Feld besuchten, staunten sie darüber, daß das Getreide nicht weniger geworden war. Ihr Staunen nahm kein Ende.

Auch in den folgenden Nächten taten sie dasselbe. Jeder brachte seine Garben auf das Feld des anderen. Und da sie an jedem Morgen merkten, daß nichts weniger geworden war, waren sie davon überzeugt, daß der Himmel sie für ihre Güte beschenkt hatte.

Aber in einer Nacht geschah es, daß beide Brüder, die Hände voller Garben, sich auf ihrem Wege begegneten. Da erkannten sie, was geschehen war, sie fielen einander um den Hals und küßten sich.

Da hörten sie eine Stimme vom Himmel: »Dieser Platz, auf dem sich so viel Bruderliebe offenbart hat, soll würdig sein, daß auf ihm mein Tempel errichtet werden soll – der Tempel der Bruderliebe.« Und tatsächlich wählte König Salomon diesen Platz für den Tempelbau.

Märchen aus Israel

Wie Gott sein

Das ist schon lange, lange her, daß Christus auf der Erde wandelte und an einen Fluß kam. Dort fand er einen Alten, Simon mit Namen, der gerade beim Fischfang war. »Simon, verlaß dein Boot und geh mit mir. Jetzt wirst du nicht mehr Simon sein, von nun an wirst du Petrus heißen!«

Und sie gingen zusammen auf Erden umher, und Christus lehrte Petrus: »Peter, weißt du, wohin wir gehen?« – »Wir gehen durch dieses Tal.« – Dort trieb eine Hirtin Gänse auf die Weide. »Peter, würdest du gerne Gott sein?« – »Herr, nur drei Tage.« Christus fragte die Hirtin: »Wer wird dir denn auf die Gänse aufpassen?« – »Der liebe Gott möge sie hüten.« – »Nun weißt du, Peter, du bist Gott, hüte die Gänse, ich werde im Schatten schlafen.«

Petrus wachte vom Morgengrauen bis zum Abend über die Gänse, der Herr schlief. Am Abend kam die Hirtin, um die Gänse zu holen, und sie trieb sie heim. Die beiden gingen weiter. »Ja, Herr, du hast geschlafen und ich war Hirt.« – »Ja, Peter, wir wollen noch weitergehen.«

Sie gehen und gehen weiter und kommen zu Schnittern. Und dort hinter einem Busch liegt ein Stück Brot, und Christus sagt: »Nimm dieses Stück Brot und lege es in die Tasche.« Petrus nimmt das Stück Brot und legt es in die Tasche. Sie gehen weiter und begegnen einem Bettler, und Christus sagt: »Bettler, wo ist denn dein Frühstück?« – »Herr, Gottes Hand spendet es!« – »Peter, nun gib du das Stück Brot, du bist Gott.« Petrus nimmt betrübt das Stück Brot und gibt es dem Bettler, und Petrus selbst bleibt hungrig.

Sie gehen weiter und finden ein Hufeisen, und der Herr spricht zu Petrus: »Hebe dieses Hufeisen auf und tue es in die Tasche.« Petrus sagt: »Was soll es mir nützen?« Doch Christus hebt das Hufeisen auf, sie kommen zu einem Schmied, und er verkauft es für drei Kreuzer. Für diese drei Kreuzer kauft er Kirschen und legt die Kirschen in die Tasche und geht weiter. Petrus – der Gott – geht hinter ihm her. Der Herr aber läßt eine Kirsche nach der anderen aus der Tasche zu Boden fallen, denn er weiß, daß Petrus hungrig ist. Und Petrus muß sich hundertmal bücken. Wenn er sich vorhin nur einmal nach dem Hufeisen gebückt hätte! Danach sagt Christus: »Peter, Peter, es ist besser, sich einmal zu bücken als hundertmal!«

Sie gehen durch einen Weingarten, und der Herr spricht zu Petrus: »Du bist Gott, daß du ja nicht stiehlst!« Christus geht weiter, Petrus folgt ihm. Da denkt Petrus, daß der Herr ihn nicht sieht, als sie aus dem Weingarten herauskommen. So nimmt Petrus am Ende noch drei Beeren in den Mund. Christus sagt: »Peter, bleib stehen, spucke mir auf die Handfläche!« – »Herr, warum?« – »Weil ich es dir befehle: Spucke auf meine Handfläche!« Petrus hustet und hustet und spuckt Christus auf die Handfläche. Aber es ist nichts anderes als das, was Petrus gestohlen hat – drei Beeren –, und diese drei spuckt er aus. »Na, siehst du, ›Herr Gott‹, was wäre, wenn alle Götter stehlen würden?«

Sie gehen weiter und kommen zu einer Stadt und gehen hinein, um eine Herberge zu erbitten. In einem Gasthaus finden sie Aufnahme. Dort ist ein Wächter, der hinter dem Ofen schlummert. Die beiden setzen sich einfach hinter den Ofen, Petrus und Christus. Danach kommt ein zweiter Wächter, und Christus fragt ihn: »Wer wird denn an eurer Statt draußen die Wache halten?« – »Der liebe Gott soll sie halten!« – »Nun, Peter, du bist Gott, geh hinaus und halte die Wache an der Ecke!« Petrus erhebt sich traurig und geht und steht Wache bis zum Morgengrauen.

Als der Morgen dämmert, schläft Christus; Petrus aber hält Wache. »Herr, es ist Tag!« – »Hast du auch Wache gehalten?« – »Das habe ich. Christus, ich will nicht mehr Gott sein, sei du wieder Gott, ich werde wieder Petrus sein.« – »Gut, nicht einmal drei Tage konntest du aushalten, Gott zu sein!«
Märchen aus Slowenien (gekürzt)

Der Fels

Christus hatte seine Jünger um sich versammelt und sprach zu ihnen: »Heute machen wir eine Wanderung. Jeder nimmt einen Stein auf und kommt dann mit.«

Alle Jünger gehorchten und suchten sich einen schönen großen Stein, nur Petrus nicht. Er war so faul, daß er nur einen ganz kleinen Kiesel aufhob, ihn in die Hosentasche steckte und dann mit den anderen ging.

Nun, sie liefen den ganzen Tag, und die anderen elf Jünger wechselten den Stein, den sie bei sich trugen, von einer Hand in die andere, aber sie schleppten brav ihre Steine. Gegen Sonnenuntergang kamen sie an den See von Galiläa und Jesus sprach zu ihnen: »Jetzt wollen wir fischen. Werft eure Netze hier aus.« Sie taten, wie ihnen geheißen und holten eine große Menge Fische ans Land. Dann kochten sie sie, und Jesus sprach: »Nun bringt all eure Steine her.«

Sie brachten ihre Steine, und Christus verwandelte sie in Brot. So hatten sie zusammen mit den Fischen, die sie gefangen hatten, alle genug zu essen. Nur Petrus nicht. Er hatte kaum einen Biß an dem kleinen Brot, und das gefiel ihm ganz und gar nicht.

Zwei oder drei Tage später wollte Jesus wieder eine Wanderung machen. Er blickte zum Himmel und sagte: »Heute ist wieder Wandertag. Greift euch einen Stein und dann kommt mit.«

Sie nahmen also jeder einen Stein auf und waren dann bereit. Nur Petrus machte wieder eine Ausnahme. Diesmal riß er ein halbes Gebirge herab. Der Fels war so groß, daß er ihn nicht einmal mit beiden Händen bewegen konnte. Er mußte eine Hebelstange zu Hilfe nehmen, um ihn überhaupt von der Stelle zu bekommen. Den ganzen Tag wanderte Jesus mit den Jüngern, er sprach zu ihnen, und Petrus schwitzte und mühte sich mit seinem Fels ab.

Am Abend machte Christus unter einem großen alten Baum halt, setzte sich, rief seine Jünger zu sich und sagte: »Nun bringe jeder seinen Stein.«

Die Jünger gehorchten, nur Petrus nicht. Petrus war noch etwa eine Meile hinter ihnen auf der Straße und mühte sich mit seinem halben Gebirge ab. Aber Jesus wartete, bis er herangekommen war. Er betrachtete sich die Steine, die die anderen elf Jünger gebracht hatten, sah sich den Fels an, den Petrus durch die Gegend bewegte. Darauf setzt er seinen Fuß auf diesen Fels und sagte: »Nun, Petrus, das ist ein guter Fels, den du da hast. Es ist ein edles Stück Gestein. Petrus, auf diesen Fels werde ich meine Kirche bauen.«

Spricht Petrus: »Nein, das solltest du besser nicht tun. Du sollst keine Kirche auf diesen Stein bauen. Du sollst ihn in Brot verwandeln.«

Christus begriff, was Petrus meinte, und er verwandelte dieses halbe Gebirge in Brot, und damit speiste er die 5000. Dann nahm er die elf anderen Steine, klebte sie zusammen und baute auf sie seine Kirche.

Und das ist der Grund, warum die christliche Kirche in so viele verschiedene Kirchen aufgespalten ist – sie wurde auf einem zusammengestückelten Felsen erbaut.

Märchen aus Nordamerika

Der reuige Sünder

Ein Mann hatte auf Erden siebzig Jahre gelebt und war immer ein großer Sünder gewesen. Und dieser Mann erkrankte und tat nicht Buße. Aber als der Tod zu ihm kam, da weinte er in seiner letzten Stunde und sprach: »Herr, vergib mir, wie du dem Schächer am Kreuz vergeben hast!« Kaum hatte er das gesagt, da verließ seine Seele den Leib. Und des Sünders Seele entbrannte in Liebe zu Gott und glaubte an seine Gnade und kam zur Himmelstür.

Und der Sünder klopfte an und begehrte Einlaß in das Himmelreich.

Und er vernahm eine Stimme von innen: »Wer ist es, der da klopft an das himmlische Tor? Und was für Werke hat dieser Mensch in seinem Leben vollbracht?«

Und es antwortete die Stimme des Anklägers und zählte alle Sünden des Menschen auf und nannte nicht ein einziges gutes Werk.

Und die Stimme hinter der Tür sprach: »Sünder können nicht eingehen in das Himmelreich. Hebe dich weg von hier!«

Und der Mensch sprach: »Herr, ich höre deine Stimme, aber ich sehe dein Antlitz nicht und weiß deinen Namen nicht.«

Und die Stimme erwiderte: »Ich bin Petrus, der Jünger des Herrn.«

Und der Sünder sprach: »Erbarme dich meiner, Petrus, gedenke der menschlichen Schwäche und der Gnade Gottes. Warst du nicht ein Jünger des Heilands, hörtest du nicht seine Lehre aus seinem eigenen Munde und hattest das Beispiel seines Lebens vor Augen? Aber erinnere dich, wie er bangte und seine Seele betrübt war und wie er dich dreimal bat, nicht zu schlafen, sondern zu beten; du aber schliefst, denn deine Augen waren schwer geworden, und dreimal fand er dich schlafend. So war es auch mit mir.

Und gedenke weiter, wie du ihm gelobtest, bis zu deinem Tode ihm treu zu bleiben, und wie du ihn dreimal verrietest, als man ihn zum Kaiphas führte. So war es auch mit mir.

Und gedenke endlich, wie der Hahn krähte, und du gingst hinaus und weintest bitterlich. So war es auch mit mir. Du kannst mich nicht von der Tür weisen.«

151

Und die Stimme hinter der Himmelstür verstummte.

Und der Sünder stand eine Zeitlang da und klopfte abermals an die Himmelstür und bat um Einlaß.

Und eine andere Stimme ertönte hinter der Tür und sprach: »Wer ist dieser Mann? Und wie hat er auf Erden gelebt?«

Und es antwortete die Stimme des Anklägers, zählte abermals alle schlimmen Taten des Sünders auf und nannte nicht ein einziges gutes Werk.

Und die Stimme hinter der Tür sprach: »Hebe dich von hinnen! So große Sünder dürfen nicht mit uns im Paradiese leben.«

Und der Sünder sprach: »Herr, ich höre deine Stimme, aber ich sehe dein Antlitz nicht und weiß deinen Namen nicht.«

Und die Stimme antwortete: »Ich bin David, der König und Prophet!« Und der Sünder verzweifelte nicht, ging nicht fort von der Himmelstür, sondern sprach: »Erbarme dich meiner, König David, und gedenke der menschlichen Schwäche und der göttlichen Gnade. Gott hatte dich lieb und erhob dich über alle Menschen. Alles hattest du – ein Königreich und Ruhm und Schätze und Weiber und Kinder; aber da erblicktest du vom Dach deines Palastes das Weib eines armen Mannes, und die Sünde fuhr in dich, und du nahmst das Weib des Urias und tötetest ihn selbst durch das Schwert der Ammoniter. Du, der reiche Mann, nahmst dem Armen sein einziges Schäflein und raubtest ihm auch das Leben. Gleiches tat auch ich.

Und gedenke weiter, wie du Buße tatst und sprachst: ›Herr, ich erkenne meine Missetat, und meine Sünde ist immer vor mir!‹ So ist es auch mit mir. Du kannst mich nicht von der Tür weisen.«

Und die Stimme innen verstummte.

Und wieder stand der Sünder eine Weile und begann dann von neuem zu klopfen und um Einlaß zu bitten. Und eine dritte Stimme ließ sich hinter der Tür vernehmen und sprach:

»Wer ist dieser Mann? Und wie hat er auf Erden gelebt?«
Und es antwortete die Stimme des Anklägers, und zum drit-
ten Mal zählte er alle Missetaten des Menschen auf und nannte nicht ein gutes Werk.
Und es sprach die Stimme hinter der Tür: »Hebe dich von
hinnen! Sünder können nicht in das Himmelreich eingehen.«
Und der Sünder antwortete: »Ich höre deine Stimme, aber
ich sehe dein Antlitz nicht und weiß deinen Namen nicht.«
Und die Stimme sprach: »Ich bin Johannes Theologus, der
Lieblingsjünger des Herrn.«
Da freute sich der Sünder und sprach: »Jetzt muß mir Einlaß
werden. Petrus und David werden mich einlassen, weil sie die
menschliche Schwachheit und die Gnade Gottes kennen, du
aber wirst mich einlassen, weil du viel Liebe hast. Warst du es
nicht, Johannes, der in seinem Buche schrieb, Gott sei die Liebe, und wer die Liebe nicht habe, der kenne Gott nicht.
Sprachst du nicht als Greis zu den Menschen immer das eine
Wort: ›Kindlein, liebet einander!‹ Wie könntest du mich denn
jetzt hassen und vertreiben? Entweder mußt du verleugnen,
was du selbst gesagt hast, oder mich liebgewinnen und mir
Einlaß gewähren ins Himmelreich.«
Und die Himmelstür ging auf, und Johannes umarmte den
reuigen Sünder und führte ihn in das Himmelreich.
Leo N. Tolstoj

Wir sind das Volk der Pharaonen

Soviel wissen wir und auch der Raschaj sagt es in der Kirche,
daß Gott dem Pharao so lange Plagen geschickt hat, bis er
sich ergab und die Juden gehen ließ. Die Juden hörten auf den 153

Moses, und Gott – er wußte, warum – erhörte den Moses. Und Moses setzte es auch durch, überredete Gott – ich weiß nicht, wie er es gemacht hat –, daß er im ganzen Land die Erstgeborenen erschlug, auch den Erstgeborenen des Pharaos, das heißt also, auch einen von den Zigeunern, denn wir waren das Hausvolk des Pharaos, seine Verwandten.

Und das alles darum, weil der Pharao die Juden nicht weglassen wollte.

Nie habe ich verstanden, warum er sie so sehr brauchte, und einmal habe ich einen Raschaj danach gefragt. Der sagte mir, der Pharao hätte die Juden schon gleich ziehen lassen, aber Gott habe das Herz des Pharaos gehärtet, damit dann er, nämlich Gott, Wunder tun könne. Gut, alle großen Herren haben ihre Schrullen, warum also nicht auch der Herrgott?

Am Ende ließ der Pharao also die Juden ziehen, denn auch die übrigen Roma sagten ihm, er soll sie freigeben, sie würden auch ohne die Juden irgendwie weiterkommen.

Soweit war es also, die Juden zogen ab und nahmen Gold und Silber und alles mit, was der Pharao an teuren Sachen hatte. Trotzdem freuten sich die Roma – weg sind sie, Gott sei mit ihnen.

Aber, so sagte der Raschaj, Gott kam zum Pharao und hetzte ihn auf, warum er sich so berauben lasse und zugegeben habe, daß die Juden alles fortschleppten. Und gerade er hatte den Juden gesagt, sie sollten alles Gold und Silber mitnehmen, das sie finden könnten. Das ist kein Märchen, sondern Wahrheit und Wirklichkeit. Der Pharao wurde wütend: »Verfluchte Juden, habt alles weggeschleppt!« Und er sammelte ein Heer und Wagen und Pferde, und los, ihnen nach!

Auch uns, seine Verwandtschaft, lud er schnell auf. Umsonst sagten wir, er solle doch wenigstens uns zu Hause lassen. Gott ist der Freund der Juden, und wer Gott zum Freund hat, der wird selig, und es muß auch jemand auf das Feuer achtgeben, während der Pharao fort ist. Alles umsonst. Er lud uns auf Wagen und Pferde, und dann los!

Es gab auch ein Unglück, wie wir es vorausgesagt hatten. Durch die Wüste kamen wir noch irgendwie, aber die Juden waren schon mitten im Roten Meer. Der Moses hatte mit einem Stock auf das Wasser geschlagen; das Wasser teilte sich, und die Juden kamen trockenen Fußes hinüber.

Aber nicht das Heer des Pharaos! Auch seine Soldaten erreichten die Mitte des Wassers, aber Moses und seine Juden waren schon am anderen Ufer. Da nahm der Moses wieder seinen Stock, schlug auf das Wasser, und das floß wieder zusammen über den Köpfen des Pharaos und seiner Soldaten.

Verloren der Pharao und sein ganzes Volk!

Das heißt, nicht das ganze! Denn wir, die Roma, das Hausvolk, waren am Ufer geblieben und warteten, wie die Dinge ausgehen würden. Mochte sich unser Herr Verwandter mit den geheiligten Soldaten Gottes allein raufen.

Als wir sahen, daß das Wasser über dem Kopf des Pharaos zusammenschlug, dachten wir: »dschass kére«, und kehrten um. Dann wollten wir aus unserer Mitte einen neuen Pharao wählen, und alles würde in Ordnung sein.

Aber Gott hatte auch an uns gedacht. Ich mache noch ein zweites Wunder, sagte er sich, und ließ einen Wirbelsturm auf uns los.

Der fegte Wagen und Pferde durcheinander. Als wir uns von dem Schrecken erholt hatten, war die ganze Verwandtschaft weg, die einen hatte der Sturm dahin, die anderen dorthin geweht. Seither sind wir über die ganze Erde verstreut. Dabei sind auch die Tapfersten unseres Volkes verlorengegangen.

Noch ein Wort. Was ist aus den Juden geworden? Es wird erzählt, sie seien noch vierzig Jahre durch die Wüste gewandert, und keiner von den Alten habe die neue Heimat erlebt. Die einen erlagen der Sonnenhitze, die anderen dem Durchfall.

Inzwischen lebten die anderen Völker, die mit Gott nicht so und nicht so standen, weder seine Freunde waren noch seine Feinde, munter und vergnügt weiter. Und am Ende zerstreute Gott auch die Juden über die ganze Welt, wo er doch ihr Gönner war.

Ich will euch etwas sagen. Mich soll Gott nicht begönnern, mit mir soll er nicht Freundschaft schließen, mich soll er in Frieden lassen. Aber sagt das nicht dem Raschaj, denn der bringt uns manchmal Kleider und dieses und jenes.

Märchen der Zigeuner aus Ungarn

Der böse Fürst

Es war einmal ein böser Fürst; all sein Dichten und Trachten ging darauf aus, alle Länder der Welt zu erobern und allen Menschen Furcht einzuflößen; mit Feuer und Schwert zog er umher, und seine Soldaten zertraten die Saat auf den Feldern und zündeten des Bauern Haus an, so daß die rote Flamme die Blätter von den Bäumen leckte und das Obst gebraten an den versengten schwarzen Bäumen hing. Mit dem nackten Säugling im Arm flüchtete manche Mutter sich hinter die noch rauchenden Mauern ihres abgebrannten Hauses, aber hier suchten die Soldaten sie auch, und fanden sie die Armen, so war dies neue Nahrung für ihre teuflische Freude: Böse Geister hätten nicht ärger verfahren können als diese Soldaten; der Fürst aber meinte, gerade so sei es recht, so sollte es zugehen. Täglich wuchs seine Macht, sein Name wurde von allen gefürchtet, und das Glück schritt neben ihm her bei allen seinen Taten. Aus den eroberten Städten führte er große Schätze heim; in seiner Residenzstadt wurde ein Reichtum aufgehäuft, der an keinem andern Ort seinesgleichen hatte. Und er ließ prächtige Schlösser, Kirchen und Hallen bauen, und jeder, der diese herrlichen Bauten und großen Schätze sah, rief ehrfurchtsvoll: »Welch großer Fürst!« Sie gedachten aber nicht des Elends, das er über andere Länder und Städte gebracht hatte; sie vernahmen nicht all die Seufzer und all den Jammer, der aus den eingeäscherten Städten empordrang.

Der Fürst betrachtete sein Gold und seine prächtigen Bauten und dachte dabei wie die Menge: »Welch großer Fürst! Aber ich muß mehr haben, viel mehr! Keine Macht darf der meinen gleichkommen, geschweige denn größer als die meine sein!« Und er bekriegte alle seine Nachbarn und besiegte sie alle. Die besiegten Könige ließ er mit goldenen Ketten an seinen Wagen fesseln, und so fuhr er durch die Straßen seiner Residenz; tafelte er, so mußten jene Könige ihm und seinen Hofleuten zu Füßen liegen und sich von den Brocken sättigen, die ihnen von der Tafel zugeworfen wurden. Endlich ließ der Fürst seine eigene Bildsäule auf den öffentlichen Plätzen und in den königlichen Schlössern errichten, ja, er wollte sie sogar in den Kirchen vor dem Altar des Herrn aufstellen; allein hier traten die Priester ihm entgegen und sagten: »Fürst, du bist groß, aber Gott ist größer, wir wagen es nicht, deinem Befehl nachzukommen.« »Wohlan denn!«, rief der Fürst, »ich werde auch Gott besiegen!«

Und in Übermut und törichtem Frevel ließ er ein kostbares Schifflein bauen, mit welchem er die Lüfte durchsegeln konnte; es war bunt und prahlerisch anzuschauen wie der Schweif eines Pfaus, und es war gleichsam mit Tausenden von Augen besetzt und übersät, aber jedes Auge war ein Büchsenlauf. Der Fürst saß in der Mitte des Schiffes, er brauchte nur auf eine dort angebrachte Feder zu drücken, und tausend Kugeln flogen nach allen Richtungen hinaus, während die Feuerschlünde sogleich wieder geladen waren. Hunderte von Adlern **157** wurden vor das Schiff gespannt, und pfeilschnell ging es nun der Sonne entgegen. Wie lag da die Erde tief unten! Mit ihren Bergen und Wäldern schien sie nur ein Ackerfeld zu sein, in das der Pflug seine Furchen gezogen hatte, an dem entlang der grüne Rain hervorblickte, bald glich sie nur noch einer flachen Landkarte mit undeutlichen Strichen, und endlich lag sie ganz in Nebel und Wolken gehüllt. Immer höher flogen die Adler aufwärts in die Lüfte – da sandte Gott einen einzigen seiner unzähligen Engel aus; der böse Fürst schleuderte Tausende von Kugeln gegen ihn, allein die Kugeln prallten ab von den glänzenden Fittichen des Engels, fielen herab wie gewöhnliche Hagelkörner; doch ein Blutstropfen, nur ein einziger, tröpfelte von einer der weißen Flügelfedern herab, und dieser Tropfen fiel auf das Schiff, in welchem der Fürst saß, er brannte sich in das Schiff ein, er lastete gleich tausend Zentnern Blei darauf und riß das Schiff in stürzender Fahrt zur Erde nieder; die starken Schwingen der Adler zerbrachen, der Wind umsauste des Fürsten Haupt, und die Wolken ringsum – die waren ja aus dem Flammenrauch der abgebrannten Städte gebildet – formten sich zu drohenden Gestalten, zu meilenlangen Seekrabben, die ihre Klauen und Scheren nach ihm ausstreckten, sie türmten sich zu ungeheuerlichen Felsen mit herabrollenden zerschmetternden Blöcken, zu feuerspeienden Drachen; halbtot lag der Fürst im Schiff ausgestreckt, und dieses blieb endlich mit einem furchtbaren Stoß in den dicken Baumzweigen eines Waldes hängen.

»Ich will Gott besiegen!«, sagte der Fürst, »ich habe es geschworen, mein Wille *muß* geschehen!« Und sieben Jahre lang ließ er bauen und arbeiten an künstlichen Schiffen zum Durchsegeln der Luft, ließ Blitzstrahlen aus härtestem Stahl schneiden, denn er wollte des Himmels Befestigung sprengen. Aus allen seinen Landen sammelte er Kriegsheere, die, als sie Mann an Mann aufgestellt waren, einen Raum von mehreren Meilen bedeckten. Die Heere gingen an Bord der künstlichen Schiffe, der Fürst näherte sich dem seinen: Da sandte Gott einen Mückenschwarm, einen einzigen kleinen Mückenschwarm aus. Der umschwirrte den Fürsten und zerstach sein Antlitz und seine Hände; zornentbrannt zog er sein Schwert und schlug um sich, allein er schlug nur in die leere Luft, die Mücken traf er nicht. Da befahl er, kostbare Teppiche zu bringen und ihn in dieselben einzuhüllen, damit ihn keine Mücke fernerhin steche; und die Diener taten wie befohlen. Allein, eine einzige Mücke hatte sich an die innere Seite des Teppichs gesetzt, von hier aus kroch sie in das Ohr des Fürsten und stach ihn; es brannte wie Feuer, das Gift drang hinein in sein Gehirn; wie wahnsinnig riß er die Teppiche von seinem Körper und schleuderte sie weit weg, zerriß seine Kleidung und tanzte nackend herum vor den Augen seiner rohen, wilden Soldaten, die nun den tollen Fürsten verspotteten, der *Gott* bekriegen wollte und von einer einzigen kleinen Mücke besiegt worden war.

Hans Christian Andersen

9. Bedrohte Welt

Das himmlische Urteil

Neblig und unfreundlich war es auf der Welt. Gott saß da, in einen Mantel aus Nebel gehüllt, und schlummerte. Als er die Augen aufschlug, war es wie immer: Zu seinen Füßen wogte Nebel, um seine Nase kroch Nebel, überall Nebel. Gott streckte sich, da tauchten auch seine Hände in Nebel und ihm war, als sei auch er aus Nebel. Da wurde Gott mißmutig. Jeder Mensch wird traurig, wenn er allein ist, und Gott geht es nicht anders.

»Ich muß mir etwas einfallen lassen«, sagte er schließlich und winkte mit seiner allmächtigen Hand. Da wurde es zu seiner linken Seite hell, zu seiner rechten dunkel. Er winkte ein zweites Mal, da entstanden Himmel und Erde. Als er das dritte Mal winkte, sprang die Sonne an den Himmel und die Sterne blitzten auf. Dem Himmel gab Gott unendlichen Raum, der Sonne blies er Wärme ein, den Sternen schenkte er kalten Glanz.

Was aber sollte er der Erde geben? Sie lag zu seinen Füßen, traurig und stumm.

»So sollst du nicht bleiben«, sagte Gott, ließ sich von seiner Höhe herab und begab sich ans Werk. Hier grub er ein Tal, dort häufte er einen Berg auf. Er setzte den Hügeln grüne Waldmützen auf und goß Wasser in die Flüsse und Bäche. In die Bäume setzte er Vögel und in die Wälder Wild.

Es wurde langsam Abend, und Gott wurde müde, aber noch konnte er sich nicht zur Ruhe begeben.

»Ich gehe nicht eher schlafen, als bis ich fertig bin!«, dachte er, und er häufte auf den Hängen der Berge Steine an und schuf am Fuße der Berge die Menschen. Und weil er Steine und Menschen zuletzt geschaffen hatte, gab er beiden seinen besonderen Segen.

Zu den Steinen sagte er: »Auf euch wird die Erde stehen. Ihr werdet euch vermehren und euch über die ganze Erde verstreuen.«

Und Gott stand da und schaute zu, wie sich die Steine vermehrten. Schließlich waren alle Berge mit Steinen bedeckt.

Dann wandte er sich zu den Menschen und sprach: »Euch gebe ich die Weisheit und Unsterblichkeit. Ihr sollt die Gärtner der Erde sein.« Und die Menschen gingen auseinander und bevölkerten die Erde. Sie begannen das Land zu bebauen, und die Erde blühte durch die Arbeit ihrer Hände auf. Zufrieden zog sich Gott in sein Wolkenheim zurück.

Viele Jahre lebten die Steine auf den Bergen. Eines Tages aber meinten sie, zuwenig Platz zu haben. Sie setzten sich langsam in Bewegung und wanderten in die Täler. Hier wälzten sie eine Wiese nieder, dort verwüsteten sie ein bestelltes Feld. Das ärgerte die Menschen, und so kam es zur Feindschaft zwischen Menschen und Steinen. Die Menschen fielen über die Steine und räumten sie deshalb aus dem Weg, warfen sie ins Wasser oder zerschlugen sie. Das wieder mißfiel den Steinen, und sie fügten den Menschen noch mehr Schaden zu.

Eines Tages kam es zum offenen Kampf. Als die Menschen schliefen, wälzten sich die Steine mit schrecklichem Getöse die Berge hinab. Sie zerstörten die Häuser der Menschen und verschütteten sie. Viele Menschen wurden verwundet und erlitten große Qual. Doch weil ihnen Gott Unsterblichkeit verliehen hatte, konnten sie nicht einmal sterben. Ihr Jammern und Schreien drang bis zum Himmel hinauf, und Gott schaute erschrocken hinab. Es war ein grausames Bild, das sich ihm bot. Entschlossen eilte er auf die Erde. »Rette uns vor den grausamen Steinen!«, riefen die Menschen verzweifelt. Die Steine aber standen drohend und stumm.

»Von heute an sollt ihr euch nicht mehr streiten«, entschied Gott. »Ich gab euch meinen Segen, aber ihr seid meines Segens nicht würdig gewesen. Ihr Menschen sollt von Stund an nicht mehr unsterblich sein, und ihr, Steine, bleibt dort liegen, wo ihr seid. Und weil ihr soviel Böses getan habt, sollen euch die Menschen zerhauen und ihre Häuser aus euch errichten.«

Schweigend kehrte Gott in seinen Himmel zurück. Seit dieser Zeit herrscht Ruhe zwischen Steinen und Menschen.

Märchen aus Tibet

Wovor der heiße Wind warnt

Mitten in der Welt befindet sich der Jagdgrund Gran Chaco. Ein Indianerstamm hatte dort einst ein Lager aufgeschlagen. Der Platz war gut gewählt, denn ringsum gab es Tiere, Fische und Obst, so daß niemand im Lager Hunger leiden mußte.

Die Indianer hätten also zufrieden und glücklich leben können, und doch war es nicht so. Der Stamm hatte einen bösen und strengen Häuptling, der eifersüchtig alle Jagd- und Fischgründe bewachen ließ. Und wehe dem, der kam, eine Grundel zu fischen oder einen Hirsch zu jagen.

Die Indianer waren mutige Kämpfer, doch bald, wie ihr Häuptling, voller Haß und Grausamkeit. Während des großen Fischzuges der Nachbarstämme schirmten sie die Flüsse ab, in der Reisernte überfielen sie ihre Nachbarn und stahlen ihnen die Ernte. Selbst der Hungrigen des Waldes erbarmten sie sich nicht. Verächtlich riefen sie ihnen zu: »Nehmt euch die Wurzeln des Umbu-Baumes, die ihr überall findet!«

Das Allerschlimmste aber war – auf ihren eigenen Jagdzügen erbeuteten diese Indianer vor allem die jungen Tiere, weil deren Fleisch ihnen am besten schmeckte.

Sicher fragt ihr euch, wie das geschehen konnte, sicher fragt ihr euch, was für ein Mensch der Häuptling war...

Also hört gut zu!

Der Häuptling dieses Stammes hieß Huampi, das heißt ›der Vortrefflichste‹, aber er war der Schlimmste der Schlimmen. Ohne Erbarmen ließ er, wo er hinkam, alles Lebendige vernichten. Auf seinen Befehl ritten seine Krieger in die Berge, raubten, mordeten und brannten alles nieder.

Nun lebte im Indianerlager auch ein alter Indianer, machtlos wie der Rauch über der Feuerstätte. Einen Namen hatte er nicht; man rief ihn einfach Alter. Nur wenige wußten noch, daß er einst den Jagdgrund Gran Chaco entdeckte und es durch seine Klugheit bewirkt hatte, daß der Stamm groß und mächtig geworden war. Der alte Indianer beobachtete mit großer Sorge das Treiben des bösen Häuptlings. Und als er sah, daß dieser den Stamm unweigerlich ins Verderben führen würde, begab er sich zu ihm.

Lange stand der Alte vor dem Zelt des Häuptlings. Und dann – noch ehe der Schrei des Kojoten die Dämmerung herbeigerufen hatte, ertönte die Stimme des Häuptlings: »Hier bin ich!«

»Du bist im Zelt, und ich warte«, antwortete der Alte, wie es der Brauch war.

»Warum bist du gekommen?«

»Nur so«, antwortete der Alte und er wußte, daß er nun in das Zelt eintreten durfte.

Der Häuptling maß ihn streng: »Was willst du, Alter?«

Der Alte sagte leise: »Ich bewundere deine Jaguarweste, Huampi. Aber ist sie nicht aus dem Fell eines jungen Jaguars gefertigt?«

»Auf jeden Fall ist sie weicher als dein Lumpen, mit dem du meine Weste doch nicht etwa messen willst!«, fiel der Häuptling dem Alten verächtlich ins Wort.

»Du tötest wehrlose Junge, Häuptling Huampi, das wird dir die Mutter Natur nicht verzeihen. Und die Hungrigen jagst du aus dem Großen Jagdgrund.« Der Alte sprach weise und mutig.

Der Häuptling aber schrie: »Wer hat dir erlaubt, von solchen Dingen zu reden? Geh mir aus den Augen, sonst endest du wie die Hunde am Pfahl, und du weißt wohl, was das zu bedeuten hat!«

Und der Alte wußte es, fütterte er doch die hungrigen Hunde, die keiner sonst im Indianerdorf beachtete.

»Ich gehe«, sagte der Alte zum Häuptling, und er verließ das Zelt mit gesenktem Kopf.

Die Worte des Alten waren auf unfruchtbaren Boden gefallen, ja, sie reizten den Häuptling gerade zum Widerspruch.

Noch am gleichen Abend lief er in den Jagdgrund Gran Chaco, riß wütend die Vogelnester von den Bäumen und erschlug die Tiere, die sich nicht schnell genug in Sicherheit bringen konnten.

Bald erreichte er die westlichen Berge, hinter denen sich die Sonne schlafen legt. Dort ließ er sich auf einem spitzen Felsen nieder.

Und dort sagte er flüsternd zu sich selbst: »Das ganze Gebiet unter dem Felsen gehört mir, denn ich bin der Stärkste von allen, und auch an meine Klugheit reicht keiner heran. Darum darf sich mir niemand widersetzen. Und wenn es mir gefällt, setze ich den ganzen Jagdgrund in Brand, und alle werden in den Flammen den Tod finden.«

Da erklang plötzlich eine Stimme, tief wie Donnerschlag – und bei jedem Wort tobten und schwankten die Felsen, wie das Laub im Wind.

»O Huampi, ich habe gehört, was du gesagt hast und kenne alle deine Gedanken. Ich sehe, wohin du deinen Stamm führst. Doch ich warne dich! Vollbringst du noch eine einzige Missetat, dann wirst du im gleichen Augenblick für alle deine Taten büßen!«

»Wer bist du«, zitterte der Häuptling, der sich kaum mehr auf den schwankenden Felsen halten konnte, und er vergrub sein Gesicht in seinen Händen, die vor Angst zitterten.

»Ich bin Pachamama, die Mutter der Natur«, donnerte die Stimme. Danach war kein Laut mehr zu hören.

Mit glühendem Gesicht schwankte Huampi ins Tal zurück und eilte dem Indianerlager entgegen. Große Angst trieb ihn zu immer größerer Eile und ließ ihn wieder und wieder zurückschauen. Ein Feigling war aus ihm geworden!

Doch als er die ersten Zelte erblickte und das wilde Geschrei im Lager vernahm, fand er seine Prahlsucht und seine höhnische Rede wieder.

»Wenn Pachamama auch mächtig ist, hier kann sie mir nichts anhaben«, rief er höhnisch. Und als Beweis seiner Behauptung trat er grob und böse einen Hund, der ihm freudig entgegengelaufen war.

Das Aufheulen des Hundes war noch nicht verklungen, da kam von den Bergen ein Wind, der brannte allen ins Gesicht, der wurde immer unerträglicher, der spie nach allen Seiten Feuer, und die Menschen suchten vergeblich Rettung. Es gab aber kein Entrinnen – von dem großmauligen Häuptling blieb nur ein Häufchen Asche zurück, das der Wind erfaßte und fortwehte.

Einige Indianer stürzten sich in das Wasser des Flusses, sie glaubten, sich auf diese Weise retten zu können. Doch kaum hatten sie die Wellen erfaßt, stürzten sich wilde Tiere auf sie. Der Alte aber war in die Krone eines Baumes geklettert. Und ihn tötete der glühendheiße Wind nicht!

Als es endlich still wurde, ließ der Alte sich wieder auf die Erde hinab, und er hätte für den Rest seines Lebens allein von dem Reichtum leben können, den seine bösen Stammesbrüder hinterlassen hatten.

Doch bald schon zogen Indianer aus anderen Gebieten in den Großen Jagdgrund ein, schlugen ihre Zelte auf und zündeten ihre Feuer an. Der Alte wurde ihr weiser und kluger Ratgeber, der die Schätze mit allen Indianern teilte – die wie Brüder miteinander lebten.

Pachamama aber, die nie mehr strafen mußte, warnt noch immer jeden, der im Gran Chaco lebt, sie schickt noch immer den heulenden und heißen Wind, den man Zonta nennt.

Märchen der Indios

Die Sintflut

Zum Göttervater Zeus drang die Kunde, wie verdorben die Menschen seien und wie sie auch vor Verbrechen nicht zurückscheuten. Er beschloß, zur Erde hinabzusteigen, um sich mit eigenen Augen zu überzeugen, ob die Menschen wirklich raubten und mordeten, der Lüge den Vorzug vor der Wahrheit gaben und die Götter verhöhnten. Mit Kummer und Empörung erkannte er überall, wohin er kam, daß die Menschen noch schlechter waren als ihr Ruf. Einer bestahl den anderen und log ihm noch ins Gesicht, Gastgeber überfielen ihre Gastfreunde im Schlaf und erschlugen sie, Kinder freuten sich auf den Tod ihrer Eltern und erwarteten sehnsüchtig die Erbschaft. Frauen vergifteten ihre Männer, und der Bruder spannte den Bogen gegen den Bruder. Zeus fühlte sich wohler in menschenleerer Felseneinöde als in den Städten und Dörfern der Menschen.

Eines Abends kam Zeus zum Palast des Königs von Arkadien, des Lykaon. Die Menschen erkannten, daß ein Gott nahte, und begannen zu beten. König Lykaon aber verspottete sie.

Er hielt in seinem Palast als Geiseln Männer aus dem Stamm der Molosser gefangen. Einen von diesen erschlug er und ließ ihn kochen. Das gekochte Menschenfleisch wollte er dem Wanderer vorsetzen und ihn dann im Schlaf umbringen.

Diener brachten dem Zeus Schüsseln mit dampfenden Speisen. Als Zeus erkannte, welch schreckliches Mahl ihm der König vorsetzen ließ, entbrannte er im Zorn. Er schleuderte auf den Palast des verbrecherischen Königs Lykaon einen Blitz, und ohrenbetäubender Donner erschütterte das ganze Königreich. Überall schlugen Flammen heraus und fraßen gierig des Königs Besitz. Lykaon selbst floh in Todesangst aus dem brennenden Haus und suchte dem Zorn des Zeus zu entkommen. Er öffnete den Mund, brachte aber vor Grauen keinen Ton heraus. Als er endlich die Stimme wiederfand und schreien wollte, kam aus seinem Mund ein Heulen. Er fiel auf alle Viere und spürte, wie ihm an Armen und Beinen und am ganzen Körper ein Fell wuchs, wie sein Gesicht sich zur Schnauze verzerrte. Aus Lykaon wurde ein Wolf, den es ewig nach Blut dürstet. Seit jener Zeit umschleicht er die weidenden Herden und seine Augen funkeln wild wie einst, als er noch König war.

Zeus kehrte in den Himmel zurück und berief den Rat der Götter zu sich. Die Götter eilten über die Milchstraße in den Marmorsaal, in dem Zeus, finster und nachdenklich, auf dem Thron saß. Kaum waren sie versammelt, ertönte die Stimme des Göttervaters. Er berichtete, was er auf Erden gesehen und erlebt hatte.

»Einen Palast habe ich schon mit meinem Blitz zerschmettert«, sagte er, »doch müssen alle Menschen bestraft werden. Ich würde sie mit dem Feuer meiner Blitze von der Erde vertilgen, fürchte aber, daß ein so riesiger Brand auch auf die Luft und den Himmel übergreifen würde. Wir alle kennen ja die Weissagung, daß eines Tages Erde, Meer und Himmel in Flammen aufgehen werden, und die Welt verbrennen wird. Deshalb will ich eine große Flut über die Erde senden und ihr Antlitz von dem bösen Menschengeschlecht reinigen.«

Und Zeus ließ den Nordwind, der die Wolken vertreibt, in eine Höhle sperren und den Südwind entfesseln. Der Südwind schlug mit den nassen Flügeln und flog los. Auf der Stirn saß ihm dichter Nebel, und aus dem grauen Bart strömte Regen. Mit der Rechten preßte und riß er schwarzes Gewölk, dem Regengüsse entströmten. Der Meeresgott Poseidon half seinem Bruder Zeus. Er rief alle Flußgötter herbei und befahl ihnen, die Ströme aus den Ufern treten, die Dämme einstürzen und die Wohnstätten der Menschen überfluten zu lassen. Da stiegen die Flüsse aus ihren Betten und überschwemmten Dörfer und Städte, bedeckten Kornfelder, Sträucher und Bäume. Das Wasser stieg über die Dächer der Häuser und bedeckte bald auch die Spitzen der Türme. Die Menschen versuchten, sich schwimmend zu retten, aber der peitschende Regen schwemmte sie hinweg, und nur wenigen gelang es, die Berggipfel zu erreichen. Bald aber stieg das Wasser auch über die Gipfel und spülte die Menschen in die Tiefe des neuen, uferlosen Meeres. Andere hatten Boote und Schiffe bestiegen und kämpften auf den wütenden Wellen ums nackte Leben. Sie scheiterten an den Felsklippen, die noch vor kurzem die Kämme der höchsten Gebirge waren. Neugierige Fische schwammen tief unter dem Wasserspiegel durch Baumkronen und tummelten sich in Häusern und Tempeln, deren Fenster und Türen von den stürmischen Wogen eingedrückt worden waren. Hirsche, Eber und Wölfe kämpften vergeblich mit den Wellen, und in den Wäldern wohnten Delphine. Die Erde hatte sich in ein einziges Meer verwandelt. Auch so mancher Vogel fiel erschöpft ins Wasser, da er sich nirgends ausruhen konnte. Wen die Wellen nicht verschlangen, der starb

Hungers.

Im Landstrich Phokis ragte noch der Berg Parnaß aus den Fluten empor. Dorthin steuerte ein kleiner Kahn mit Deukalion, dem Sohn des Prometheus, und seiner Gattin Pyrrha. Prometheus hatte sie rechtzeitig gewarnt und ihnen ein festes Boot gegeben. Als Zeus bemerkte, daß von der ganzen Menschheit nur Deukalion und Pyrrha übrig waren, rechtschaffene, ehrliche und gottesfürchtige Menschen, zerstreute er die Wolken und zeigte dem Himmel die Erde und der Erde den Himmel. Auch Poseidon legte den Dreizack, mit dem er das Meer aufgewühlt hatte, beiseite, rief seinen Sohn Triton und hieß ihn auf seiner Riesenmuschel blasen. Triton konnte so machtvoll blasen, daß es über die ganze Welt ertönte. Er blies, und das Wasser begann zu sinken, die Flüsse kehrten in ihre Betten zurück und das Meer in seine Ufer.

Deukalion und Pyrrha landeten am Berg Parnaß, fielen auf die Knie und dankten den Göttern für ihre Errettung. Dann blickten sie um sich und sahen nur ödes Land. In den Zweigen der Bäume hing noch der Schlamm, und alles war still, ohne Leben. Deukalion seufzte: »Liebe Pyrrha, wir allein von der ganzen Menschheit sind übriggeblieben. Was sollen wir tun? Könnte ich doch wie mein Vater Prometheus dem Lehm Menschengestalt geben und Leben einhauchen!« Mit Tränen in den Augen beteten Deukalion und Pyrrha auf den Stufen eines halbverfallenen, mit Moos überwachsenen Tempels der Göttin Themis, Prometheus' Mutter. Sie flehten sie an, ihnen zu helfen, die tote Erde wieder zum Leben zu erwekken.

Die Göttin war gerührt und riet ihnen: »Tretet aus dem Tempel, verhüllt euer Haupt und werft hinter euch die Knochen der großen Mutter!«

Nachdenklich traten sie aus dem Tempel. Sie konnten nicht verstehen, wie die Göttin von ihnen verlangen konnte, den Frieden ihrer toten Vorfahren zu stören. Lange dachten sie nach. Plötzlich fiel dem Deukalion ein, daß mit der großen Mutter die Göttin der Erde gemeint war.

»Die Erde ist unser aller große Mutter«, sagte Deukalion, »und ihre Knochen können nur Steine im Lehm sein.«

Er bezweifelte jedoch, daß Steine die Erdoberfläche beleben könnten. Trotzdem sammelten er und Pyrrha Steine und warfen sie hinter sich. Und da geschah ein Wunder. Kaum fielen die Steine zu Boden, verloren sie ihre Härte, und was an ihnen feucht war, wurde zu Fleisch. Was an den Steinen hart und unnachgiebig war, verwandelte sich in Knochen, und die Adern im Stein wurden zu Adern im menschlichen Körper. Die Steine, die Deukalion warf, nahmen männliche, die von Pyrrha geworfenen weibliche Gestalt an.

So entstand ein neues Menschengeschlecht, zäh in der Arbeit und widerstandsfähig gegen Leiden und Schmerz. Es entstammte dem Stein und war unbeugsam und hart wie dieser.

Märchen aus Griechenland

Birne im Müll

»Nie stehen genügend Abfalleimer im Hof«, hörte Birne eine Frau sagen. »Nur einmal pro Woche werden sie geleert, und wenn der Müllwagen abfährt, sind sie schon wieder voll.«

»Ich schleiche mich nachts hinunter«, sagte ein Mann zu der Frau, »werfe Abfall aus den Eimern und stopfe meinen Müll hinein. Was soll ich machen? Die vollen Kübel stehen bei mir in der Küche und stinken.«

»Stinkküche, Stinkküche«, ruft Birne.

Der Mann und die Frau blicken nach oben, sehen jedoch nichts.

Der Mann sagt, er habe nachts schon Müll in die städtischen

Anlagen geworfen. Da lacht die Frau und erzählt, sie habe neulich Abfälle in der Einkaufstasche auf einem Spaziergang durch den botanischen Garten getragen und, als niemand sie beobachtet habe, in einem Gebüsch die Tasche ausgeleert. Wenn die Müllabfuhr es nicht schaffe, müssen man sich eben zu helfen wissen.

»Die Küche stinkt, der botanische Garten stinkt«, ruft Birne, »die ganze Stadt stinkt! Müll, Müll, Müll!«

Erschreckt laufen die Frau und der Mann davon. Die Frau verliert eine Milchtüte aus der Tasche. Der Mann bückt sich nach der Tüte, will sie aufheben, da er aber wieder »Müll, Müll!« rufen hört, zieht er die Hand zurück, als habe er in Feuer gegriffen. Die Tüte bleibt liegen.

Birne fliegt einem Mädchen nach, dem sie ins Ohr flüstert, süße Milch liege auf der Straße. Das Mädchen hebt die Tüte auf, beißt ein Loch in das gewachste Papier und trinkt die Milch aus. Die leere Tüte wirft es weg. Jetzt sieht Birne selbst, daß Müll ein Problem ist.

Über Dächer kletternd, läßt sie sich in einen Hinterhof hinunter, in dem Abfalltonnen stehen. Hätte sie eine Nase, müßte Birne sie zuhalten, so sehr stinken die Eimer.

Birne steigt in eine Tonne ein und schiebt sich zwischen zwei schartigen Konservendeckeln vorsichtig tiefer. Sie schaltet ihr Glas auf größere Härte. Jede gewöhnliche Birne wäre schon längst zersprungen. An einer Schicht gärender Teeblätter vorbei rutscht sie weiter, bleibt mit ihrer Fassung in altem Käse stecken, merkt, wie ein Brei aus Nudeln und faulendem Fleisch ihre Glashaube verschmiert und müßte nun, wenn sie einen Mund hätte, würgen und immer schneller atmen, bis sie sich endlich erbrechen könnte. Aber Birne machen Gestank und Dreck nichts aus. Sie drückt ihren Kopf in ein Schmutzknäuel, das aus einem Staubsauger stammt, und legt sich bequem. Unter ihr surrt eine Wespe, die sich 173 auf der Suche nach Marmeladenresten in die Tiefe gewagt hat.

Birne ist eingeschlafen und wacht erst wieder auf, als sich über ihr der Deckel öffnet. Quark klatscht herunter, dann stopft ein Besenstiel alte Schuhe und Papier in den Eimer. Birne stemmt sich gegen den Druck, um nicht ganz nach unten zu geraten. Der Besenstiel versetzt ihr einen Kinnhaken, Stücke eines zersprungenen Tellers kratzen an ihrem Glas. Schließlich wird die Tonne angehoben, wandert weiter, fahrend oder gleitend, saust plötzlich in die Höhe und kippt um. Dröhnend fällt der Abfall in den Müllwagen.

Birne wird herumgewirbelt. Eine Förderschraube zieht den Müll in den Wagen hinein, damit es Platz gibt für neuen Müll. Fest in stinkenden Dreck gepreßt, steckt Birne tief in einem großen Haufen Abfall, in dem es gluckert und schmatzt, soßt und knirscht. Jedes Tier würde in dem Müllwagen sofort ersticken, nur Birne hält es ohne Sauerstoff aus.

Nach langer Zeit, während immer neuer Müll in den Wagen fällt, hebt sich die große Trommel, und der ganz Abfall rutscht heraus. Birne fällt durch einen Rost, fährt auf einem Förderband, bleibt in einem Rechen hängen und wird plötzlich nach oben gerissen. Sie hängt an einem Magneten, der alle Metallstücke aus dem Müll zieht. Der Magnet schwebt aus der Müllanlage heraus, schaltet automatisch ab, und das Metall fällt auf einen Schrottberg. Birne knallt auf Eisenstücke und hätte wahrscheinlich, obwohl sie sich so hart wie möglich gemacht hat, doch Risse bekommen, wenn sie nicht auf eine Ratte gefallen wäre, die auch im Schrott steckt.

»Was machst du hier«, sagt Birne, »Ratten fressen doch kein Blech.«

»Ich habe mich in dem Schrott verirrt«, sagt die Ratte. »Ich suchte etwas zum Nagen, einen Knochen, ein Stück Holz, irgend etwas Hartes, damit meine Zähne scharf bleiben. Dabei bin ich gestolpert, eine große Eisenschraube hat mir das Bein zerschlagen. Ich sterbe hier, wenn du mir nicht hilfst.«

Birne schleppt die Ratte aus dem Schrott und schient ihr mit einer alten Haarnadel das gebrochene Bein. Zum Festwickeln nimmt sie eine rostige Gitarrensaite. Die Ratte humpelt aus dem Schrott.

»Du wirst wieder gesund«, sagt Birne. »Zeig mir bitte den Weg in die Müllanlage. Ich möchte die ganze Fabrik sehen und selbst erleben, was mit dem Müll geschieht.«

Durch ein Abflußrohr, aus dem Schlamm und warme Brühe fließen, tauchen die beiden ins Kesselhaus hinauf. Die Ratte sagt, sie lebe schon lange in der Müllanlage und sei gut trainiert. Sie würde sogar kochend heißes Wasser fünf Minuten lang ertragen, darin fänden sich immer die dicksten Brocken. Weiches gäbe es genügend zu fressen, Hartes sei selten. Sie achte auf ihre Gesundheit und hungere manchmal ein paar Tage, um nicht zu verfetten.

Birne macht sich allein weiter auf den Weg. Sie hüpft wieder auf ein Förderband und saugt sich fest, damit sie nicht weggeschwemmt wird, denn Wasserstrahlen spülen den losen Müll durch Roste. Dann fällt Birne in einen Kessel, in dem der Abfall vorgewärmt und zusammengepreßt wird. Birne stöhnt und schwitzt, so groß ist der Druck, den sie aushalten muß.

Doch es kommt noch schlimmer. Aus dem ersten Kessel schiebt sich der Müll in eine riesige Verbrennungsanlage, in die ständig Luft geblasen wird, damit die Hitze auf tausend Grad steigt und alles verbrennt. Birne schaltet ihre Atombatterie auf Kälte, macht sich dick, lang, krumm, hutzlig und flach, ändert immer wieder ihre Form, um nicht zu schmelzen. Um sie herum faucht und donnert irrsinniges Feuer. Plastik tropft und verdampft, Papier loht, Holz knallt und ist schon nicht mehr zu sehen, eine alte Lampe biegt sich, nickt noch einmal mit dem Schirm und fließt davon. Sogar Porzellan wird in der Glut **175**

zu Staub. Ein Stück Knochen macht einen Sprung und zer-
fetzt in der Luft. Die Hitze dreht sich wie eine Sonne im Heiz-
kessel.

Birne ächzt und bebt, schwindlig ist ihr auch, bald kann sie die
wahnsinnige Hitze nicht mehr ertragen. Sie findet jedoch keinen Ausgang. Alle Abfälle verdampfen restlos in der Glut, nur
Feuer strömt durch die Heizungsröhren. Da wendet Birne
ihren letzten Trick an. Sie macht sich so klein, daß sie von der
fauchenden Hitze nach oben geblasen wird, immer höher steigt
und schließlich durch den Schornstein schießt. Arbeiter der
Müllanlage sehen etwas aufleuchten, glauben, ein Stern schwe-
be vorbei, doch es ist Birne, die wieder größer wird und da-
vonfliegt.

Günter Herburger

Wie die Meeresstürme entstanden

In fernen, fernen Zeiten, als die Welt noch jung war, herrschte auf der Erde der mächtige Gott Indra. Ihm gehörte aller
Reichtum der großen weiten Natur, und das Leben der Menschen ruhte in seinen Händen. Sorgsam und gewissenhaft
hütete er seine Wolkenherden, damit sie sich am Himmel nicht
verirrten. Auf seinen Befehl ergoß sich aus ihnen der lebens-
spendende Regen, der Gras und Korn auf Wiesen und Feldern wachsen ließ und den Bäumen Saft und Kraft gab. Aus
den Strömen dieses Regens entstanden auch die Seen und Flüsse, in denen die Fische lebten, und die Quellen, aus denen
Menschen und Tiere tranken. Selbst die Meere und Ozeane
wären ohne den himmlischen Regen, den Gott Indra reichlich verteilte, trockene Wüste geworden.

Aber nicht allen gefiel es, wie gut und weise die Natur geordnet war: Böse Dämonen mißgönnten den Göttern ihre Freude und den Menschen ihr Glück. Einer der schlimmsten war Writra, der Hungerdämon, der hoch oben in der kahlen Bergwelt des Himalaja wohnte. Er ersann einen Plan, wie er Gott Indra und den Menschen schaden könnte. Als sich Indra eines Tages auf sein Lager zurückgezogen hatte, fuhr der böse Writra hinauf in den Himmel, sammelte schnell alle Wolken zu einer einzigen großen Herde, trieb sie zu seiner uneinnehmbaren Felsenburg im Himalaja und sperrte sie dort in das allertiefste unterirdische Gewölbe.

Kummer und Grauen ergriffen die Erde. Keine Wolke zeigte sich am Himmel, und die Sonne brannte mit unbarmherziger Glut herab und versengte Wiesen, Felder und Wälder. Die Blumen verwelkten, Flüsse, Seen und Quellen trockneten aus. Die Tiere aus Wald und Feld verdursteten elendiglich. In ihrer Not hoben die Menschen tiefe Gruben aus, um wenigstens eine kleine Wasserader in der Erde aufzuspüren. Aber auch diese letzten Quellen versiegten bald; die ausgedörrte, glühende Erde sog sie bis zum letzten Tropfen in sich auf. Quälender Durst peinigte die Menschen und raffte sie zu Tausenden dahin. Verzweifelt hoben sie die ausgemergelten Hände zum Himmel und riefen mit schwacher Stimme Gott Indra um Hilfe an.

Lange hörte sie der Gott in seinem tiefen Schlaf nicht, aber endlich drangen die Bitten doch an sein Ohr, er wachte auf und warf einen Blick hinunter auf die Erde. Ach, welch entsetzliches Bild bot sich seinen göttlichen Augen, welch Mitleid ergriff sein göttliches Herz, welch Zorn erfaßte seinen göttlichen Sinn! Er sprang von seinem goldenen Lager auf, zog seine goldene Rüstung an, rief sein Himmelsheer zusammen und griff mit mächtigem Blitz die Felsenburg des Dämonen Writra an.

177

Aber Indras Blitze waren zu schwach, um die Felsen zu brechen, die Writras Burg umgaben. Vergeblich griffen die Himmelstruppen immer von neuem an, vergeblich rüttelte Indra mit seinem Blitz an den steinernen Türmen. Writra lachte ihn nur aus, und Indra mußte den Rückzug antreten.

In seinem Herzen loderte heiliger Zorn. Er schwor, sich an Writra zu rächen – seine Wolkenherden aus Writras Festung um jeden Preis zu befreien und den Dämon selbst zu vernichten. Er ging zu den anderen Göttern und fragte sie um Rat, aber alle waren in Verlegenheit und schickten ihn unverrichteter Dinge wieder fort. Nun blieb ihm noch eine einzige Hoffnung: der Schöpfer der Welt, der höchste und mächtigste Gott Brahma. An ihn wandte er sich und bat ihn um seine Hilfe.

Der allerhöchste Gott Brahma antwortete ihm: »Nicht an die Götter wende dich, sondern an die Menschen. Sie werden dir Rat und Hilfe geben. Geh auf die Erde zurück. Dort wirst du die Ältesten und Weisen finden, die sich versammelt haben, um in sich selbst alle Weisheit der Welt zu finden. Diese frage, und sie werden dir Rat geben.«

Da kehrte Gott Idra auf die durstgepeinigte Erde zurück. Er wanderte durch viele Gegenden und sah mit eigenen Augen die Verwüstungen, die Writra angerichtet hatte. Überall fand er nur öde und verbrannte Erde, der das Wasser und damit das Leben genommen war. Lange wanderte er unter der glühenden Sonne, bis er in einem Tal die Versammlung der Alten und Weisen fand.

Sie waren so versunken in ihre Meditationen, daß sie gar nicht bemerkt hatten, was inzwischen auf der Erde geschehen war. Gott Indra trat zu ihnen und sprach sie an:

»Hört mich, ihr Weisen, ihr Lehrer der Götter und der Menschen. Der böse Dämon Writra hat mir die Wolken geraubt, aus denen der Regen niederfällt, der die Erde fruchtbar macht.

Er hält sie in seiner Felsenburg gefangen, und die ganze Erde dörrt aus und verbrennt. Alle Geschöpfe müssen sterben. Niemand außer euch kennt das Mittel, Writras Festung zu stürmen, um die Wolken zu befreien und der Erde das Leben zurückzugeben. Der höchste Gott Brahma selbst schickt mich zu euch, ich bitte um eure Hilfe!«

Die Weisen schwiegen lange, und erst nach geraumer Zeit erhob einer von ihnen die Stimme: »Keine Waffe im Himmel und auf der Erde hat die Kraft, Writras Festung zu erobern. Einzig und allein ein Blitz aus dem Gebein des großen Rischi, des ältesten und weisesten aller Weisen, würde das vermögen.«

Gott Indra wunderte sich über diese Antwort, und die Menschen, die ihn auf seinem Weg begleitet hatten, brachen in lautes Klagen aus. Wo sollten sie den großen Rischi finden, woher sein Gebein nehmen? Den Menschen wird nicht mehr zu helfen sein, sie müssen sterben, und die ganze Erde wird zu einer einzigen großen und öden Wüste werden.

Da trat aus dem Kreis der Weisen ein würdiger Greis hervor und sprach: »Verzweifelt nicht, ihr Menschen! Ich selbst bin Rischi, und ich sage euch, daß ich freiwillig sterben will, um das Leben auf der Erde zu retten. Gott Indra soll das Gebein aus meinem Leib nehmen und einen fürchterlichen Blitz daraus fertigen, der Wadshrahudha heißen wird. Damit wird er den bösen Dämon Writra vernichten und der ganzen Erde neues Leben bringen.«

So geschah es auch. Aus dem Gebein des ältesten der Weisen schmiedete Gott Indra einen mächtigen Blitz, der sein Ziel nie verfehlt und immer wieder in Indras Hand zurückkehrt. Mit diesem Blitz legte er Writras Felsenburg in Staub und Asche und befreite die eingesperrten Wolken. Die verteilten sich über den ganzen Himmel und ließen ihren wohltuenden Regen auf die Erde niederströmen. Da wurden das Gras und die Bäume und alle Pflanzen wieder zum Leben erweckt. Seen, 179

Flüsse und Quellen füllten sich erneut, und die Tiere fanden ihre Tränken wieder. Und der Regen löschte auch den Durst, den die Menschen so lange hatten leiden müssen.

Aber Gott Indra hatte nicht nur die Wolken aus ihrem Gefängnis befreit und seinem Schwur gemäß Writra selbst vernichtet, sondern auch dessen böse Dämonen aus der Felsenburg gejagt. Kaum waren sie außerhalb der schützenden Felsmauern, da stürzte sich das Himmelsheer auf sie und schlug und verfolgte sie. Die Dämonen wußten nicht, wohin sie fliehen sollten. Weder auf der Erde noch am Himmel fanden sie eine Stelle, wo sie vor Indras Streitmacht sicher gewesen wären. So blieb den bösen Dämonen nichts anderes übrig, als sich in der Tiefe des Meeres zu verstecken. Dort haben sie noch heute ihren Sitz und sinnen auf Rache. Und wenn ihr Zorn wieder einmal zum Ausbruch kommt, dann zeigt er sich auf der Meeresoberfläche als schwerer Wellengang und Sturm.

Märchen aus Indien

Wer den Wind erweckt hat

Die Menschen schlafen in der Nacht, die Eulen bei Tage. Nur der Wind hat keine Zeit dazu. Ist er nicht hier, ist er dort, und immer muß er blasen, pfeifen, heulen, wimmern, im Schornstein jammern und an den Apfelbäumen rütteln. Kein Wunder, daß er nachher ganz erschöpft ist! Er muß sich aber immer gleich wieder erheben, Staub aufwirbeln, aufs Dach springen, Schindeln hinabwerfen, Getreide zu Boden drücken und den Wald durchkämmen.

Einmal jedoch verschwand der Wind ganz aus der Welt. Er war weder hier noch dort, kurz, er war überhaupt nirgends anzutreffen. An den Ästen rührte sich kein Blatt, das Wasser im Fluß war nicht von Wellen gekräuselt. Überall herrschte eine so große Stille, daß die Tiere durch ihre eigenen Schritte erschreckt wurden, und die Blumen zu welken begannen.

Deshalb kamen alle Tiere und Pflanzen zu einer großen Beratung zusammen.

»Wer wird uns den Regen bringen und den Blütenstaub wegtragen?«, klagten die Bauern.

»Wer wird uns vor dem Feind warnen, der uns nach dem Leben trachtet?«, fragten die Tiere und nickten ernst mit den Köpfen.

Der Große Tier- und Pflanzenrat beschloß hierauf, daß der Wind um jeden Preis gefunden werden müsse. Die Tiere schwärmten in die ganze Welt aus, durchstöberten jede Höhle, schlüpften in jedes Erdloch, ließen sich kühn bis in die tiefsten Schluchten hinunter und krochen sogar in die dornigsten Sträucher, aber vom Wind fehlte sowohl auf und unter als auch über der Erde jede Spur.

Auch die Spinne hatte sich auf den Weg gemacht, den Wind zu suchen. Und weil die anderen Tiere schon in jedem Winkel nachgeschaut hatten, ging sie in eine andere Richtung, kam ans Meer und stürzte sich mutig hinein. Könnt ihr euch vorstellen, was so eine kleine Spinne gegen das Meer bedeutet? Weniger als nichts! Aber sie hatte dennoch Glück. Sie kam zu einem hohen Felsen, der steil aus dem Meer aufragte, und als sie um ihn herumgeschwommen war, sah sie den Wind mit hinter dem Kopf verschränkten Armen daliegen und fest schlafen. Die Spinne stieg aus dem Wasser, kroch auf den Felsen und spann von einem Vorsprung zum andern ihre Fäden, bis ein ganzes Gewebe fertig war. Dann setzte sie sich in die Mitte und kitzelte den Wind mit einem ihrer Beinchen unter der Nase.

Der Wind erwachte, rieb sich verschlafen die Augen und bemerkte über sich das silberne Netz mit der Spinne in der Mit-

181

te und sagte verärgert: »Wenn ich jetzt aufstehe, zerreiße ich dich und dein lächerliches Netz in kleine Fetzen.

»Tu das bitte nicht!«, bat die Spinne inständig. »Ich schwimme bald wieder aufs Meer hinaus und werde dich nicht mehr belästigen.«

Der Wind ließ sich schließlich besänftigen, doch er riet der Spinne, sich künftig vor ihm zu hüten und einen großen Bogen um ihn zu machen, sonst würde es mit ihr ein böses Ende nehmen. Weil er aber nun einmal wach war, stieß er sich vom Felsen ab, ließ sich bis ans Wasser gleiten und trieb haushohe Wellen vor sich her. Nach einer Weile war er nicht mehr zu sehen.

Die Spinne wartete, bis sich das Meer ein wenig beruhigt hatte, und trat dann den Rückweg an. Plötzlich machte es »bzzzzz«. Eine Fliege summte vorbei.

»Ach, meine liebe Spinne! Was hast du angerichtet? Ich würde mich gar nicht wundern, wenn du den Wind aufgespürt hättest«, rief sie.

»Nicht der Rede wert«, sagte die Spinne und winkte mit einem Bein bescheiden ab. »Er hat weit draußen im Meer hinter einem Felsen geschlafen.«

Die Fliege hatte erfahren, was sie wissen wollte. Sie kehrte um und flog so schnell sie konnte zurück, ohne sich weiter um die Spinne zu kümmern. Sie eilte zur Versammlung der Tiere und erzählte ihnen, daß sie bei ihrem Flug weit draußen im Meer den Wind hinter einem Felsen schlafend angetroffen, ihn geweckt habe und eben zurückgekehrt sei, wobei sie zum Beweis das salzige Meerwasser aus ihren Flügeln schüttelte.

Die Tiere glaubten ihrer Erzählung, denn der Wind schüttelte schon wieder die Bäume durch und rauschte in ihren Kronen.

Der Große Rat kam zusammen und sein Sprecher verkünde-

te: »Für deine mutige Tat darfst du von jedem Essen den ersten Bissen nehmen. Fliege! Selbst der König darf nichts dagegen einwenden.«

Zufrieden flog die Fliege weg.

Als endlich die todmüde Spinne vor dem Großen Rat ankam, glaubte ihr niemand, daß sie den Wind geweckt hatte, daß nur ihr und nicht der Fliege das Verdienst gebühre. Da schwor die Spinne vor allen Mitgliedern des Rates der falschen Fliege ewige Rache.

Von diesem Tag an webt die Spinne feste Netze, und sooft sich eine Fliege darin verstrickt, quält sie die Feindin lange und gnadenlos. Doch um die unglückselige Spinne ist es ohnehin schlecht bestellt. Wie lange dauerte es und wieviel Mühe kostet es, bevor sie ihr Netz gewebt hat! Und kaum ist es fertig, kommt der Wind dahergebraust und zischt: »Ah, da bist du ja, du frecher Fadenweber! Habe ich dir nicht verboten, mir je wieder unter die Augen zu treten?«

Und huiiiiiii! bläst er in das kunstvolle Netz, daß es zerreißt und weggefegt wird. Und die Spinne kann jedesmal froh sein, wenn sie mit heiler Haut davonkommt.

Märchen aus Lettland

Das wartende Land

In den Tagen, von denen wir nur im Traume hören, wuchsen Bäume und Sträucher, Blumen und Gras in unserem Land. Niemand schnitt die Rinde von den Bäumen, um Hütten aus ihnen zu bauen. Niemand jagte, niemand weidete Gras und Blätter, niemand sang in den Zweigen, und niemand pickte Beeren und Körner. Niemand wartete auf ihr Reifen. Die Tage waren still. Nur die Vögel blickten hinab auf unser Land, wenn sie vor Regen und Kälte flüchteten, wenn sie den süßen, warmen Tagen nachjagten. Sie sahen die roten und goldenen Berge und die grünen Flüsse. Wenn sie wieder in das Land zurückkamen, wo die Sonnenfrau den Himmel betritt, gab es dort wenig Gras, wenig Beeren und Samen. Es gab wenig Würmer und Fische. Und so erzählten sie von unserem Land, von dem Land, das da wartet.

Die Häuptlinge der verwandten Stämme hörten den Vögeln zu. Dann setzten sich die Häuptlinge im Kreis nieder, und ein jeder nahm das Wort. Die Worte ähnelten einander. Es ist gut, in das Land zu gehen, das da wartet. Wie aber kommt man dahin? Wie kommt man in das Land, das da wartet? Zu Wasser, auf den Wellen, mit dem kalten Wind und den Stürmen?

Alle hatten Kanus, doch ihre Kanus waren zerbrechlich wie Schilfrohr. Das Meer würde von allen Seiten auf sie einstürmen. Allein der Wal hatte ein festes, großes Kanu gebaut, in dem alle Platz hatten. Die Häuptlinge standen auf und traten vor den Wal. Sie erzähltem ihm von dem Lande, das da wartet. Das Land voll Nahrung wartet, wartet auf sein Kanu, das sie alle hinbringen könnte. Aber der Wal sagte, daß er ihnen sein Kanu nicht borge. Die Häuptlinge beschlossen, sich des Kanus mit List zu bemächtigen. Sie traten vor den Seestern hin, der seit jeher der Freund des Wals war. Sie erzählten ihm von dem Land, das da wartet. Von dem Land, wo es viel zu essen gibt, während man hier Hunger leidet. Der Seestern sagte:

»Ich lenke den Wal ab, er wird nichts merken. Dann nehmt sein Kanu und fahrt zu dem Land, das da wartet.«

Der Seestern rief den Wal und sagte: »Dein Kopf ist voller Seeläuse, Wal! Sie haben sich vermehrt wie Sand am Meer. Komm, leg mir den Kopf in den Schoß, ich klaube dir die Läuse ab.«

Der Wal legte sich nieder wie der Schatten eines hohen Baumes, und der Seestern lauste ihn. Der Wal reckte sich und gähnte. Die Augen fielen ihm zu, und der Schlaf zog in seinen Kopf ein.

Inzwischen hatten die Tiere das Kanu losgemacht, und das Wasser trug sie davon. Das Wasser floß schon über den Horizont hinweg, und sie konnten den Wal und den Seestern nicht mehr sehen. Doch der Wal sah sie, er hatte soeben die Augen geöffnet. Eine rote Wolke stieg vor seinen Augen auf und wurde immer größer. Der Seestern redete und redete noch immer, ohne etwas zu sagen. Da stürzte sich der Wal auf den Seestern, und sie rangen miteinander. Von diesem Kampf trug der Wal ein Loch im Kopf davon, und daraus flossen Atem und Dampf. Und der Seestern wurde platt und weich. Und darum hält er sich auch nur im seichten Wasser auf.

Der Wal schwamm dann eilends seinem Kanu nach. Aber am Ruder saß der Bär Koala, und der legte sich tüchtig ins Zeug. Wie ein fliegender Fisch glitt das Kanu über die Wellen, und bald waren die Männer vor unserem Land angekommen. Vor dem Land, das nicht mehr warten mußte. Sie tanzten und stampften mit den Füßen, daß der Boden des Kanus zerbrach. Dann wateten sie ans Ufer, und aus dem Kanu wurde unsere Insel.

Der Wal schwamm an der Küste vorbei und stieß seinen Atem aus.

Märchen aus Australien

10. Schönheit der Welt

Warum die Bäume
nicht mehr sprechen können

Vor langer Zeit sprachen nicht nur die Menschen und die Tiere, sondern auch die Bäume. ›Wie schade, daß ihnen ihre Stimmen nicht bis zum heutigen Tage geblieben sind!‹ denkt ihr sicher, und das denke ich auch.

Aber für die Menschen damals war es nicht leicht, denn brauchte jemand eine Gerte oder brach jemand einen Ast ab, so klagte der Baum, daß es durch den ganzen Wald hallte. Und ganz schlimm wurde es, wenn ein Baum gefällt werden sollte. Da begann er herzzerreißend zu jammern und zu bitten, und die anderen Bäume jammerten und baten mit ihm.

Das verdroß die Menschen schließlich. Sie gingen zur Sonne und sprachen: »Du hast die Bäume geschaffen, damit wir Tische und Betten zimmern, damit wir Häuser und Boote bauen können. Aber du gabst ihnen auch die Sprache, und so dürfen wir nicht das kleinste Ästchen abbrechen, ohne daß sie ein großes Geschrei anstimmen.«

Aber die Sonne hörte gern zu, wenn die Bäume leise sangen, und so gab sie nichts auf die Worte der Menschen. Doch eines Tages geriet die Sonne selbst in Zorn über die Bäume. Und das kam so: Als sie die Blätter an die Bäume verteilt hatte, waren alle zufrieden gewesen, nur die Fichte, die Tanne und die Kiefer nicht. Sie hatten feine, spitze Nadeln bekommen und die Nadeln fielen im Herbst auch ab, wie die Blätter bei den anderen Bäumen. Die Fichte, die Tanne und die Kiefer sagten zur Sonne: »Diese feinen, spitzen Blätter mögen wir nicht. Gib uns andere, solche, wie kein Baum auf der Welt sie hat.«

Die Sonne erfüllte ihnen die Bitte, sie bekamen Blätter aus 188 reiner Seide. Doch der Stolz der drei Bäume währte nicht lange, denn bald waren die seidenen Blätter vom Regen völlig aufgeweicht, und so beklagten die Fichte, die Tanne und die Kiefer sich abermals bei der Sonne.

»Der Regen hat unsere seidenen Blätter verdorben«, sprachen sie. »Gib uns bessere!«

Da schenkte die Sonne ihnen Blätter aus reinem Kristall. Aber schon bald darauf zerbrach der Wind die kristallenen Blätter, und die Tanne, die Fichte und die Kiefer wandten sich erneut an die Sonne.

»Der Wind hat unsere Blätter zerbrochen«, sprachen sie. »Gib uns bessere!«

Da wurde die Sonne böse. Sie gab den Unzufriedenen ihre alten Nadeln wieder. Nur eines gestand sie ihnen zu: Die Nadeln fielen fortan im Winter nicht mehr ab, und Regen und Wind konnten ihnen nichts anhaben.

Damit aber keiner sich je wieder bei ihr beklagen konnte, nahm die Sonne der Tanne, der Fichte, der Kiefer und allen anderen Bäumen die Sprache. Nur ihren Gesang ließ sie ihnen. Wir hören ihn noch heute – wenn der Wind über die Wipfel streicht.

Märchen der Indianer

Die Bambusprinzessin

Mancher sucht das Glück in den entferntesten Gegenden, und dabei wartet es ganz in der Nähe auf ihn. Manch einer sieht es im Gold, dabei versteckt es sich gerade in einem Strohhalm. Ein alter Mann fand das Glück in einem Bambusstamm.

Der Alte lebte in einer ärmlichen Hütte am Fuße des Berges Fudschi und ernährte sich und seine Frau durch das Flechten **189** von Bambuskörben. Eines Tages ging er in den Wald, um Bambus zu holen. Plötzlich sah er, daß im Gebüsch etwas leuchtete. Das Licht kam aus einem Bambusstämmchen. Der Alte hieb es ab, spaltete es und fand darin ein wunderschönes Mädchen.

»Schon fünfzig Jahre schneide ich hier Bambus, aber so etwas ist mir noch nicht passiert«, sagte der Alte verwundert.

Dann nahm er das Mädchen vorsichtig auf den Arm und lief nach Hause. Seine Frau war sehr froh.

»So sind wir wenigstens nicht mehr allein«, sagte sie, legte das Mädchen in einen Bambuskorb, und von diesem Augenblick an sorgte sie für das Kind wie für ihr eigenes.

Die Kleine wuchs zusehends, in drei Monaten war sie größer als andere Mädchen mit sechzehn Jahren. Die Alten nannten sie Prinzeßchen aus dem Bambusstamm, Bambusprinzeßchen, und konnten sich an ihrer Schönheit gar nicht satt sehen.

Seit das Mädchen in ihrer Hütte lebte, ging es den beiden gut. Die Alte wirtschaftete im Haus, das Prinzeßchen arbeitete im Garten, und der Alte ging in den Wald, Bambus holen, und in jedem Bund Bambus fand er fortan ein Goldstück.

So verging ein ganzes Jahr in Glück und Zufriedenheit. Eines Tages aber erschienen bei ihnen die Boten des Kaisers. Sie suchten im ganzen Land die schönsten Mädchen für den Kaiserhof. Dabei kamen sie auch bei der einsamen Hütte am Fuße des Berges Fudschi vorbei. Da die Nacht schon hereinbrach, baten sie um ein Nachtlager. Sie wurden willkommen geheißen, die Alten bewirteten sie und machten ihnen in einer Kammer ein Lager zurecht. Aber die Boten taten die ganze Nacht kein Auge zu; denn aus der Kammer neben der ihren drang bis zum frühen Morgen eine solche Helligkeit, als wohnte darin der Mond.

»Womit habt ihr die ganze Nacht die Kammer beleuchtet – daß wir nicht schlafen konnten?«, fragten die Boten am Morgen, kaum daß die Alten wach geworden waren.

»Wir haben kein Licht angezündet«, antworteten diese. »Das Antlitz unserer Tochter, des Bambusprinzeßchens, strahlt so hell.« Die Fremden baten, ihnen das Mädchen zu zeigen. Da holten die Alten das Prinzeßchen herbei, und die Boten kamen aus dem Staunen nicht heraus.

»Wir suchen für den kaiserlichen Hof die schönsten Mädchen des Landes. Wenn wir dich zum Kaiser brächten, würde er dich und uns reich belohnen!«

Aber vergeblich baten sie das Prinzeßchen aus dem Bambusstamm, mit ihnen an den Hof zu gehen. Sie mußten allein zum Kaiser zurückkehren.

Als der Kaiser von den Boten hörte, was für ein schönes Mädchen in der Hütte am Fluß des Berges Fudschi lebte, entschloß er sich, allein dorthin zu reiten und sich die Schöne anzuschauen. Noch am gleichen Tag brach er mit kleinem Gefolge auf. Aber das Mädchen weilte nicht mehr bei den beiden Alten. Kaum waren die Boten fortgeritten, hatte es sich verabschiedet.

»Nie werde ich vergessen, wie ihr für mich gesorgt habt und wie lieb ihr mich hattet. Aber jetzt muß ich von euch Abschied nehmen, um nach Hause zurückzukehren, auf den Gipfels des Berges Fudschi. Seid nicht böse, daß ich euch verlasse, und grämt euch nicht. Ich komme euch bald wieder besuchen.«

Die Alten baten ihr Bambusprinzeßchen zu bleiben, als sie aber sahen, daß es nichts nützte, ließen sie es mit Tränen in den Augen gehen.

So fand der Kaiser in der Hütte nur die beiden alten Leute. Auf seine Frage nach dem Mädchen antworteten sie, es sei auf den Berg Fudschi gestiegen. Der Kaiser war sehr traurig. Nachdenklich blickte er auf den schneebedeckten Gipfel, dann bat er den Alten, ihn auf den Berg hinauf zu begleiten.

Der Weg war lang und beschwerlich. Viermal mußten sie Rast machen, und das fünfte Mal hielten sie direkt unter dem Gipfel an.

Der Kaiser nahm seine Krone vom Haupt und legte sie auf einen Stein, dann stiegen sie weiter. Als sie den Gipfel erklommen hatten, trat ihnen aus einer Höhle die Bambusprinzessin entgegen. Sie nahm den Kaiser bei der Hand und sprach: »Wenn du wirklich für immer bei mir sein möchtest, so komm mit.«

Der Kaiser schaute das Mädchen an, und obwohl seine Boten ihm erzählt hatten, wie schön die Prinzessin sei, nahm ihm ihre Schönheit fast den Atem. Er folgte der Bambusprinzessin in die Höhle, und seitdem hat man beide nie wieder gesehen. Der Alte aber kehrte ins Tal zurück, um den Menschen von der Prinzessin aus dem Bambusstamm und von dem jungen Kaiser zu erzählen.

Märchen aus Japan

Das Glück im Lorbeerbaum

Manchmal versteckt sich das Glück in einer Erbse, der Mensch weiß nichts davon, verliert die Erbse, und das Glück geht an ihm vorbei.

Es lebte einmal eine arme Frau, die hatte keine Kinder. Oft blieb sie vor einem Lorbeerbaum in einer Ecke des Gartens stehen, der viele Früchte trug.

»Du hast so viele Beeren, und ich habe nicht ein einziges Kind. Wenn ich doch nur eins bekäme, und wäre es auch nur so groß wie eine deiner Beeren.«

Der Wunsch der armen Frau ging in Erfüllung, ohne daß sie je davon erfahren hat. Eines Tages flog eine weiße Taube zu ihr hernieder und warf ihr eine Lorbeere in den Schoß. Die Frau wunderte sich darüber, steckte die Beere in die Schürzentasche und nahm sich vor, sie möglichst bald einzupflanzen. Dann aber vergaß sie es, und nach einiger Zeit verlor sie die Lorbeere auf einer Wiese weit hinter dem Dorf. Die Beere versank in die Erde, und über Nacht wuchs daraus ein goldener Lorbeerbaum empor, der glänzte in der Sonne, daß einem die Augen übergingen. Von allen Seiten eilten die Menschen herbei. Am dritten Tag kam mit großem Gefolge der Sohn des Königs, um sich den herrlichen goldenen Lorbeer anzuschauen, und ließ sein Zelt darunter aufschlagen.

Der Prinz konnte sich an dem Lorbeerbaum gar nicht satt sehen. Am Morgen ritt er zur Jagd, aber wenn er zurückkehrte, setzte er sich unter den Baum, schaute durch das Gezweig und lauschte dem Rauschen der Blätter, das klang, als wollten sie ihm etwas erzählen. Nun, der goldene Lorbeer konnte tatsächlich sprechen. Und bald sollte der Prinz es verstehen.

Als er eines Tages das Mittagessen gekostet hatte, ließ er den Koch rufen.

»Was hast du gemacht?«, fuhr der Prinz ihn an. »Das Essen ist ganz und gar versalzen!«

Wie hätte es auch anders sein sollen! Als der Koch am Morgen im nahen Hain Kräuter suchen gegangen war, hatte aus dem Lorbeerbaum eine Stimme gerufen: »Lorbeer oben, Lorbeer unten, öffne dich, laß mich hinaus!«

Da hatte sich der Stamm geöffnet und ein wunderschönes Mädchen in goldenem Gewand war herausgetreten. Das hatte sich vorsichtig umgeschaut und, als es nirgends eine Menschenseele erblickt hatte, flink von allen Gerichten gekostet und dann eine Handvoll Salz in jeden Topf gestreut. Danach war es zu dem Baum zurückgegangen und hatte gerufen: »Lorbeer oben, Lorbeer unten, öffne dich, laß mich ein!«

Gehorsam hatte sich der goldene Lorbeer geöffnet, und als er sich hinter dem Mädchen wieder geschlossen hatte, war außer dem Salz im Essen keine Spur von ihm zurückgeblieben.

193

Der arme Koch aber hatte von all dem nicht die geringste Ahnung. Er schwor, wie an jedem anderen Tag gekocht zu haben, doch das nützte nichts, das Mittagessen war verdorben, und der Prinz mußte sich mit einem trockenen Stück Brot zufriedengeben. Am nächsten Tag war es nicht anders. Der Koch gab sich Mühe wie niemals zuvor, aber als sich der Prinz an die Tafel setzte, war das Essen wieder nicht zu genießen.

Das konnte auch gar nicht anders sein, denn während der Koch Kräuter gesucht hatte, war wieder das schöne Mädchen aus dem Lorbeerbaum gestiegen, hatte flink von allem ein Häppchen gegessen und dann reichlich Salz an das Essen getan.

Der arme Koch! Hatte er doch sicherheitshalber diesmal nicht die winzigste Prise Salz an das Essen getan. Und dennoch war das Mittagessen ungenießbar, und der Prinz mußte sich abermals mit trockenem Brot zufriedengeben.

Am dritten Tag sagte sich der Königssohn, daß er nun wohl hinter das Geheimnis kommen müsse. Er schickte sein Gefolge zur Jagd, er selbst aber versteckte sich, von niemandem gesehen, in seinem Zelt. Um die Mittagszeit begab sich der Koch wieder auf die Suche nach Kräutern. Alsbald ertönte aus dem Lorbeerbaum die Stimme: »Lorbeer oben, Lorbeer unten, öffne dich, laß mich hinaus!«

Der Prinz traute den eigenen Ohren nicht. Er schaute durch einen Spalt des Zeltes, und fast blieb ihm der Atem stehen. Der Stamm tat sich auf, ein wunderschönes Mädchen im goldenen Gewand trat heraus. Vorsichtig blickte es sich um, und weil es sich auch diesmal unbeobachtet fühlte, kostete es flink von allem, was der Koch zubereitet hatte. Kaum aber griff es zum Salz, da sprang der Prinz aus dem Zelt und faßte es bei der Hand.

»Du also versalzt mir täglich mein Essen!«, rief er.

Und ohne lange zu zögern, umarmte und küßte er es. Das schöne Mädchen entwand sich seinen Armen und lief zu dem Baum.

»Lorbeer oben, Lorbeer unten, öffne dich, laß mich ein!«
Aber der goldene Lorbeer tat sich nicht auf, der goldene Lorbeer sprach: »Jemand hat dich umarmt, jemand hat dich geküßt, du kannst nicht mehr zurück.«
Und im selben Augenblick vertrocknete der Baum.
Das Mädchen begann zu weinen.
»Was soll jetzt aus mir werden?«
Der Prinz nahm es wieder in die Arme und sprach: »Weine nicht, schönes Mädchen, ich werde für dich sorgen.«
Und dann setzten sie sich zu Tisch, und der Prinz rief sein Gefolge und befahl Zweige zu sammeln und dem Mädchen darauf ein weiches Lager zu bereiten. Zufrieden schlief die Schöne bis in den nächsten hellen Tag hinein. Als sie aber erwachte und sich umschaute, waren der Prinz und sein Gefolge verschwunden. Noch vor Morgengrauen hatte der Jüngling die Zelte abreißen lassen und war leise davongeritten. Er wollte das Mädchen bestrafen, weil es ihm zweimal das Mittagessen versalzen hatte. Das begann zu weinen, machte sich dann aber auf den Weg und folgte mutig der Spur des Prinzen. Nach einer Weile traf es einen alten Mann zu Pferde. Höflich grüßte es und bat: »Guter Alter, hilf mir. Überlaß mir für meinen goldenen Mantel deinen zerrissenen, für mein goldenes Stirnband deinen zerlöcherten Hut, für meinen goldenen Ring dein lahmes Pferd!«
Mit Freuden gab der Alte dem Mädchen, was es verlangte. Allein für den goldenen Ring würde er zehn stattliche Pferde bekommen. Das Mädchen warf die zerlumpten Kleider über, sprang auf das lahme Pferd und ritt weiter, der Spur nach. Am Abend hatte es den Prinzen eingeholt. Aber der erkannte es nicht. »Sag, Wanderer, wohin führt der Weg, und was hast du unterwegs gesehen?«, fragte er.
Da sagte das Mädchen: »Von weit her komme ich, und ich sah einen goldenen Lorbeerbaum, der ganz vertrocknet war.«

Als der Prinz das hörte, seufzte er tief und fragte: »Und was sahst du noch?«

»Ich sah ein wunderschönes Mädchen. Es ging den Weg entlang und klagte: ›Was hab' ich getan, mein Glück, daß du mich verläßt?‹«

Der Prinz seufzte abermals, und Tränen traten ihm in die Augen. Erst nach einer Weile fragte er zum dritten Mal: »Was hast du noch gesehen, Wanderer?«

Das Mädchen in den Männerkleidern antwortete:

»Ich sah, wie die Schöne hinter dem Berg verschwand, als hätte die Erde sie verschlungen.«

»So werde ich sie niemals wiedersehen«, rief voller Verzweiflung der Prinz. »Komm mit mir, Wanderer, damit ich jemanden habe, mit dem ich über sie sprechen kann.«

Traurig kehrte der Jüngling auf die königliche Burg zurück. Dort wurde eine Hochzeit vorbereitet; denn vor einem Jahr hatten der König und die Königin eine Braut, eine Prinzessin aus einem fernen Land, für ihren Sohn ausgewählt, und nun sollte schon in drei Tagen das große Fest beginnen. Aber der arme Prinz ging mit gesenktem Haupt einher und dachte an das schöne Mädchen aus dem Lorbeerbaum. Er bereute, daß er es so hart bestraft hatte.

»Sag, woran denkst du, daß du sogar des Nachts nicht schlafen kannst?«, fragte ihn der Wanderer.

Da sprach der Königssohn: »Was soll ich dir erzählen, du kannst mir doch nicht helfen! Ich habe mein Glück verloren und finde es nie mehr wieder.«

Aber der Gefährte des Prinzen sagte lächelnd: »Du findest es wieder, glaube mir, warte nur, bis die Zeit dafür gekommen ist.«

Und die Zeit kam, ehe der Prinz es sich versah. Als er seine Braut zur Kirche führte, warf das schöne Mädchen aus dem Lorbeerbaum die alten Kleider ab, zog schnell sein goldenes Kleid an und stellte sich ans Kirchentor.

Kaum hatte der Prinz es erblickt, rief er voller Freude: »Dies ist meine richtige Braut!«

Und er lief dem Lorbeermädchen entgegen, umarmte es und küßte es auf den Mund.

So hatte der Prinz sein Glück doch noch wiedergefunden, so heiratete er doch das Mädchen aus dem Lorbeerbaum. Die Prinzessin aus dem fernen Land aber vermählte sich mit seinem Bruder, und damit wurden statt einer Hochzeit gleich zwei auf einmal gefeiert.

Natürlich wußten sie, daß das Glück sich manchmal in einer Erbse versteckt. Daß das ihre aber aus einer Lorbeere kommen würde, hätten sie gewiß nicht gedacht.

Märchen aus Griechenland

Der Schlangenjüngling

Fast schon mitten im Gebirge lebte einst ein schönes, gutherziges Mädchen mit seiner Stiefschwester und Stiefmutter. Bereitwillig tat es alle schweren Arbeiten, die sie ihm auftrugen, sie aber haßten es.

Die Stiefschwester war häßlich und ungeschickt. Sie hatte einen schiefen Mund, Schielaugen und ein neiderfülltes Herz. Und je größere Unterschiede die Stiefmutter zwischen den beiden Mädchen wahrnahm, desto mehr haßte sie ihre Stieftochter.

Eines Tages schickte sie sie, wie so oft, in die Berge, Reisig zu suchen. Das Mädchen nahm Axt und Strick und ging.

Als es so den Pfad emporschritt, begannen die Vögel zu singen, und die Schöne lächelte.

Da merkte sie, daß ein paar Bienen über ihren Kopf hinwegflogen. Ein Stückchen weiter ließen sie sich nieder, und im

197

Nu war aus ihnen ein ganzer Schwarm geworden. Das Mädchen trat aus Neugier näher, und da sah es, daß die Bienen auf einer sonderbaren Blume schwärmten, wie es sie ihr Leben lang noch nie gesehen hatte. Die Blätter waren dünn und durchsichtig, als wären sie aus Glas. An ihren Rändern funkelten Tautropfen. Die riesengroßen rotgoldenen Blüten leuchteten wie Gold und verströmten einen atemberaubenden Duft. Die größte der Blüten war fast so groß wie die Öffnung eines Wasserbottichs.

Die Schöne stand ganz entzückt vor dieser nie gesehenen Pracht. Sie wagte nicht, die große Blüte zu pflücken, doch sie brach eine Knospe ab und steckte sie sich ins Haar. Den ganzen Tag über war sie dann guter Dinge, sie sang mit den Vögeln um die Wette, und am Abend, als sie von ihrer Arbeit heimkam, sah sie mit der Knospe im schwarzen Haar noch zauberhafter aus als zuvor.

Die Mutter und die Stiefschwester starrten sie an.

»Wo hast du diese herrliche Knospe her? Du hast es nötig, dein Haar zu schmücken!«, kreischte die Stiefschwester. »Es wäre besser, du würdest deine Arbeit tun!«

Sie sprang herbei, riß die Knospe aus dem Haar des Mädchens und reichte sie der Mutter.

»Wo mag sie nur her sein? Welch eine Pracht!«, brummte die Alte.

»Wo hast du das gefunden?«, fuhr sie die Stieftochter böse an. »Hier wächst so etwas nicht.«

Das Mädchen erzählte von der schönen Pflanze mit Blättern wie aus Glas, mit der riesengroßen goldenen Blüte und dem betäubenden Duft.

Die Stiefschwester brachte das sehr auf.

»Das hat sie mir absichtlich angetan, Mutter! Warum hast du mir nicht diese große Blume mitgebracht, sag, warum?«

198 Und sie begann zu stampfen und zu schreien.

Die Stiefmutter schrie das Mädchen zornig an: »Du Nichtsnutzige du! Wenn du nicht gleich morgen deiner Schwester
jene allergrößte und allerschönste Blume bringst, brauchst du
mir gar nicht mehr nach Hause zu kommen!«

Da begann das Mädchen zu weinen und gelobte, sie werde
gehorchen.

Doch es geschah etwas, womit niemand gerechnet hatte. In
den Bergen lebte der Schlangenjüngling, und die Stelle, wo
das Mädchen die Knospe gepflückt hatte, gehörte zu seinem
Garten. Die Pflanze mit der strahlenden Blüte liebte der Schlangenjüngling besonders, denn sie blühte schon, wenn die anderen Blumen erst die ersten Blätter trieben, und sie blühte auch
noch, wenn den anderen die Blätter abzufallen begannen. Vom
Frühling bis in den Winter verströmten die goldenen Blumen
über Berge und Täler ihren seltsamen, berauschenden Duft.
Der Schlangenjüngling ging tagtäglich hin, um die seltene
Pflanze zu sehen, und er kannte jedes ihrer Blätter.

Da bemerkte er eines Tages, daß eine Knospe fehlte. Er geriet
sehr in Zorn. »Ich werde den Dieb schon fangen«, sagte er
sich. Er legte sich unter den großen Blättern auf den Boden,
so daß man ihn überhaupt nicht sehen konnte, und wartete.

Das Mädchen kam, wie ihm die Stiefmutter und die Stiefschwester befohlen hatten. Mitleidig betrachtete es die strahlende
Blume. »Schade, sie zu pflücken«, dachte es sich, »sie ver-
welkt ja nur«. Doch es erinnerte sich an den Befehl der Mutter, und mit einem Seufzer ergriff es den festen Blütenstiel.

Da raschelte etwas auf dem Boden, die Blätter teilten sich jäh,
der Schlangenjüngling sprang heraus und packte das Mädchen
fest am Handgelenk. Das Mädchen schrie vor Schreck auf.

»Wer hat dir erlaubt, meine Blumen zu pflücken?«, rief der
Schlangenjüngling streng.

Die Schöne sank zu Boden und begann bitterlich zu weinen.
Unter Tränen erzählte sie ihm von ihrem unglücklichen Los. **199**

Da hob der Schlangenjüngling sie vom Boden auf und strich ihr über das weiche Haar.

»Weine nicht«, sagte er, »komm mit mir, und du wirst für immer und ewig glücklich sein.«

Als die Schöne sah, wie ihr der Jüngling freundlich zulächelte, ward ihr Herz von so großer Dankbarkeit und Freude erwärmt, daß sie sogleich zustimmte.

Der Jüngling führte sie also heim, und bald darauf feierten die beiden Hochzeit. Dann lebten sie glücklich miteinander im Gebirge, und sie betreuten von früh bis spät die Bergblumen. Wenn sie müde wurden, setzten sie sich unter einen hohen Baum, und das Mädchen sang ihrem Gemahl liebliche Lieder.

Eines Tages sprach der Schlangenjüngling: »Mein liebes Weib, um diese Zeit erblühen im Gebirge die Blumen. Komm, ich zeige sie dir, und gern will ich einige der schönsten für dich pflücken.«

Also brachen sie zusammen ins Gebirge auf.

An diesem Tag blickte auch die Stiefschwester des Mädchens aus der Hütte und sah, daß es Frühling war. Sie begann zu murren: »Mutter, so sieh doch, es ist Frühling, und ich habe nicht eine einzige Blume.«

»Was sagst du, mein Liebling«, rief die Mutter, »du hast keine Blume? Nun, das wäre doch gelacht. In den Bergen müssen doch überall welche blühen.«

In den Bergen, das war leicht gesagt, doch wer sollte jetzt die Blume holen, da die Stiefschwester nicht mehr da war? Als sie damals aus dem Gebirge nicht zurückgekehrt war, hatten die Tochter und die Stiefmutter angenommen, daß sie dort verhungert sei, und seit damals dachten beide nicht mehr an sie. Nun blieb der Mutter nichts anderes übrig, als sich selbst auf den Weg ins Gebirge zu machen, wenn sie dem Wunsch ihrer Tochter willfahren wollte.

Welche Pracht! Die Berghänge und die Täler waren mit tausenden von Frühlingsblumen übersät. Die Mutter hatte bereits einen großen Strauß gepflückt, da vernahm sie Stimmen. »Wer mochte nur hier sein, so tief im Gebirge?« Sie spitzte die Ohren.

Eine Männerstimme sagte warm: »Mein geliebtes Weib, erlaube, daß ich dir diese Blume ins Haar stecke.«

Die Mutter blickte auf und erspähte ein junges Paar, das lachend näherkam. »Das sind sicherlich Berggeister«, dachte sie sich. »Ich habe aber Glück!« Sie duckte sich hinter einen Baum, und aus ihrem Versteck beobachtete sie die beiden aufmerksam.

Das Mädchen und der Jüngling kamen näher, und plötzlich hätte die Mutter fast vor Zorn und Schreck laut aufgeschrien. Sie erkannte ihre Stieftochter, von der sie geglaubt hatte, sie wäre längst tot. Und wie sie so jäh zusammenzuckte, knackte ein Zweig unter ihren Füßen, und das Mädchen blickte sich um.

»Wer versteckt sich da hinter dem Baum?«, fragte es mit weicher Stimme. »Komm heraus, ob du nun Gutes oder Böses im Sinne führst.«

Die Mutter sah, daß sie entdeckt war. Sie trat also aus ihrem Versteck und eilte mit offenen Armen auf ihre Stieftochter zu. Sie umschlang ihren Hals und rief unter Tränen: »Mein allerliebstes Töchterlein, mein Kleinod, wie glücklich bin ich, daß ich dich endlich wiedersehe! Viele Wochen lang suche ich dich; im Süden, im Osten, im Norden und im Westen habe ich kreuz und quer das Gebirge durchwandert, keine Nacht fand ich Schlaf, die Augen habe ich mir deinetwegen ausgeweint. Und wie gut du aussiehst! Im ersten Augenblick habe ich dich gar nicht erkannt!«

Das Mädchen wollte seinen Ohren nicht trauen, doch sein gutes Herz ließ sich durch die süßen Worte leicht täuschen. **201**

Also erzählte es der Mutter von dem Glück, das ihm begegnet war. Die Mutter bebte vor Neid, weil nicht ihre leibliche Tochter dieses Glück gefunden hatte, doch sie ließ sich nichts anmerken.

»Mein allerliebstes Mädchen, hoffentlich wohnst du hier gut, hoffentlich mußt du nicht frieren«, sagte sie besorgt. »Führe mich in dein Haus, damit ich mir um dich keine Sorgen zu machen brauche.«

Das Mädchen hegte nicht den leisesten Verdacht gegen die Stiefmutter, es kam ihm nicht einmal in den Sinn, daß jene sich so verstellen könnte. Bereitwillig führte es die Stiefmutter in den Palast, in dem es mit dem Schlangenjüngling lebte. Die Stiefmutter betrachtete die Tür und sah: getriebenes Gold! Sie trat über die goldene Schwelle in den Nephritengang*, sie schritt über den Hof, und der Boden war mit Marmorplatten bedeckt, sie blickte in die Fenster, und die Augen gingen ihr fast über, so hell glitzerte überall das Kristall.

Da wurde ihr Herz von so viel Neid und Mißgunst erfüllt, daß sie kaum mehr ein Wort hervorbringen konnte. »Warum war dieses Glück nicht ihrer Tochter begegnete; die Arme, die sollte wohl weiterhin in der alten Hütte hocken!« Und im Herzen der Stiefmutter keimte ein schwarzer Gedanke.

Als sie alle Gemächer des Schlosses besichtigt hatte, betrat sie mit ihrer Stieftochter den Garten. Das Mädchen wollte ihr den Brunnen mit dem Wasser des Lebens zeigen. Wer von diesem Wasser trank, blieb ewig jung, und wenn eine Blume mit ihm begossen wurde, so welkte sie nie. Der Brunnen führte, so hieß es, bis in das Innere der tiefsten Berge, und in dem klaren Wasser konnte sich der Mensch wie in einem Spiegel sehen.

* Nephriten = Jadestein

»Zeige mir dieses Wasser, liebe Tochter«, bat die Stiefmutter. Das Mädchen hob den Deckel auf, und die Stiefmutter beugte sich über den tiefen Brunnen.

»Komm und blicke auch du hinunter, damit ich sehe, wie schön du bist«, sagte sie.

Das Mädchen beugte sich über den Brunnen. Im klaren Wasser spiegelte sich sein Antlitz so deutlich, daß es jede seiner Wimpern zählen konnte.

Da lachte die Mutter leise auf, trat einen Schritt zurück und gab der Stieftochter von hinten mit aller Kraft einen Stoß. Das Mädchen stürzte in den Brunnen, und das Wasser schloß sich über ihm.

Die Mutter kehrte in den Palast zurück und jammerte und klagte.

»Wo ist mein Weib?«, rief der Jüngling bange.

»Ach, ich Unglückselige, ich Unglückselige!«, jammerte die Mutter. »Warum bin ich doch mit ihr zu dem Brunnen gegangen! Mit aller Gewalt wollte sie mir das Wasser des Lebens zeigen, immer wieder wollte sie hinunterblicken. Und ich habe ihr noch gesagt: ›Paß auf! Steig nicht auf den Brunnenrand‹! Warum hat sie nicht auf mich gehört! Sie kletterte auf den feuchten Brunnenrand, ihr Fuß glitt aus, und sie, mein armes Kind, fiel ins Wasser. Ich rief ihr nach, ich schrie, doch es war nichts mehr zu hören. Ach, ich unglückselige Mutter!«

Als der Schlangenjüngling dies hörte, krampfte sich sein Herz in brennendem Schmerz zusammen. Die Tränen rannen auf sein Seidengewand herab, und dann fuhr er die Stiefmutter drohend an: »Du Nichtsnutzige, du bist daran schuld! Fort aus meinem Palast!«

Die Mutter schwor immer wieder, es sei nicht ihre Schuld, ja sie sank sogar auf die Knie und bat, er möge sie nicht davonjagen, ehe nicht ihre leibliche Tochter käme, sie abzuholen. Der 203

Schlangenjüngling wandte sein Antlitz von ihr ab und antwortete nicht.

»Ich will alles machen, den Hof kehren und die Fenster waschen, laß mich nur ausruhen, damit ich Kraft für den Heimweg habe«, bettelte die Stiefmutter beharrlich.

Da nickte der Schlangenjüngling stumm und entfernte sich rasch.

Wie frohlockte da die Stiefmutter! »Jetzt muß ich nur noch meine Tochter ins Haus bringen, dann richte ich es schon so ein, daß sie der Schlangenjüngling heiratet«, sagte sie sich zufrieden.

Doch der Schlangenjüngling dachte nicht an eine andere Braut. Nirgends fand er Ruhe. Er aß nicht und schlief nicht. Tag und Nacht irrte er ziellos umher. Bei Tage ging er wie ein Leib ohne Seele durch den Garten, bei Nacht trat er ins Freie und blickte zum Sternenhimmel empor. Am häufigsten saß er auf dem Brunnenrand. Die Tränen rannen ihm über die Wangen und fielen ins Wasser.

Eines Tages saß der Schlangenjüngling wieder am Brunnen und weinte. Da teilte sich der Wasserspiegel, und ein kleiner goldener Vogel flog heraus. Er flatterte über seinem Kopf hin und her und sang.

»Du mein Vögelchen«, rief der Schlangenjüngling, »kennst du vielleicht meine Frau? Wenn du sie kennst, so lasse dich auf meiner Hand nieder!«

Er streckte die Hand aus, und da ließ sich das Vögelchen auf ihr nieder.

Der Schlangenjüngling nahm es als seinen allerteuersten Schatz an sich und eilte mit ihm nach Hause. Er tat es in einen Käfig und hängte diesen neben sein Bett. Das Vögelchen sang so rührend, daß die Vögel aus der ganzen Umgebung herbeiflogen, und dem Schlangenjüngling schien es, als hörte er die Stimme seiner Frau. Er fütterte das Vögelchen mit den allerbesten Happen und vergaß darob seinen eigenen Durst und Hunger. Mißmutig sah die Stiefmutter, wie lieb der Schlangenjüngling das goldene Vögelchen hatte, und sie schlug ihm vor, ihre Tochter kommen zu lassen, die würde ihn bestimmt aufheitern. Doch der Jüngling warf ihr einen zornigen Blick zu und ließ sie stehen.

Von da an war die Stiefmutter auf das Vögelchen eifersüchtig. Sie wartete den Augenblick ab, da der Schlangenjüngling nicht daheim war, riß den Käfig von der Wand und erdrosselte das Vögelchen. Dann wickelte sie es in Lehm und legte es dem Schlangenjüngling auf den Tisch.

Als der nach Hause kam, empfing ihn die Stiefmutter mit lautem Weinen. »Ach, mein Herz bricht mir!«, rief sie. »Kaum warst du fort, machte ich ein kurzes Nickerchen; die Katze riß den Käfig von der Wand und biß dein teures Vögelchen tot.« »Elende«, rief der Schlangenjüngling und Tränen des Schmerzes und Zornes füllten seine Augen. »Scher dich auf der Stelle fort!«

Doch die Mutter hatte wenig Lust, den schönen Palast zu verlassen. Noch immer zerbrach sie sich den Kopf, wie sie ihre Tochter mit dem Schlangenjüngling verheiraten könnte. Deshalb ging sie auch nicht weg, sondern versteckte sich im Garten im Gebüsch, um zu sehen, was der Schlangenjüngling tun würde. Auch wollte sie warten, bis sich sein größter Kummer gelegt hatte.

Der Schlangenjüngling streichelte lange das tote Vögelchen und weinte. Dann wickelte er es in herrliche Seide und begrub es unter seinem Fenster neben dem Stamm eines Pfirsichbaumes. Von da an saß er Tag und Nacht unter dem Baum und weinte. Die Tränen fielen auf den Boden, und die Wurzeln des Pfirsichbaumes sogen sie auf. Das Wesen des Vögelchens durchdrang den Baum und alle seine Äste. Und da bedeckten sich die Äste mit frischen roten Pfirsichen, süßer als

Honig. Als der Schlangenjüngling einen Pfirsich gegessen hatte, verspürte er weder Durst noch Hunger. Das Rauschen der Blätter linderte sein Leid, und er blickte verträumt in die Ferne.

Die Stiefmutter lebte noch immer heimlich im Palast und trachtete, dem Schlangenjüngling nicht unter die Augen zu kommen. Immer und immer wieder spann sie Pläne, wie sie ihn mit ihrer leiblichen Tochter verheiraten könnte. Als sie merkte, wie sehr er den Pfirsichbaum liebte, begann sie auch den Baum zu hassen.

Eines Tages entfernte sich der Schlangenjüngling von dem Baum. Die Stiefmutter nützte den Augenblick, und als er am Abend zurückkehrte, fand er den Pfirsichbaum gefällt auf dem Boden. Er sank auf die Knie und umfing weinend den Baum. Seine Tränen flossen in Strömen, als er die Pfirsiche pflückte, und er streichelte jede einzelne Frucht, ehe er sie in ein Körbchen legte.

Dann zersägte er die Äste des Pfirsichbaumes, und aus dem Holz machte er eine Laute. Als er die Saiten anschlug, war ihr Ton klar und lieblich. So klingt es, wenn ein Bächlein über einen Berghang zu Tale fließt, so klingt es, wenn leise ein Lufthauch in den Kronen der Föhren rauscht.

Der Schlangenjüngling setzte sich zur Laute und spielte. Sein Schmerz ward gedämpft, sein Kummer gelindert. Und die Laute sang vom ersten Sonnenstrahl bis in die Abenddämmerung und die ganze Nacht bis zum Morgen.

Die Stiefmutter ertrug es schwer, daß der Schlangenjüngling die Laute so sehr liebte. Sie paßte daher gut auf, bis er sich wieder entfernte. Endlich war es dann soweit. Sobald sie sah, daß sie allein im Gemach war, warf sie die Laute rasch ins Feuer.

Die Laute loderte auf und verbrannte. Als der Schlangenjüngling am Abend heimkehrte, fand er die Laute nicht mehr. Er suchte sie, er sah in jeder Truhe nach, er durchstöberte jeden Winkel. Da bemerkte er, daß aus dem Kamin ein Stückchen eines halbverkohlten Lautenhalses herausragte. Entsetzen und Schmerz ließen ihn erzittern. Schnell schürte er das Feuer, doch er fand nur noch ein paar glühende Teile. Zu Tode betrübt tat er sie in eine Schüssel und stellte sie neben sein Lager.

Tag und Nacht flackerte das Feuer in der Schüssel und verlöschte nicht. Es strahlte im Raum Frühlingswärme aus. Und der Schlangenjüngling saß daneben, blickte starr in die Flamme und entfernte sich keinen Schritt von ihr.

Eines Tages schlich sein guter schwarzer Kater herbei. Er sprang dem Schlangenjüngling auf den Schoß und flüsterte: »Schlangenjüngling, ich weiß, wie du dein Weib erlösen kannst. Wenn du hundert Tage hindurch täglich hundert Eimer voll Wasser des Lebens herbeischleppst, um damit das Feuer zu begießen, so wird nach dem hundertsten Eimer am hundertsten Tag dein Weib zu dir zurückkehren.«

»Lieber Kater«, rief der Schlangenjüngling, »woher weißt du das?«

»Glaube mir, Schlangenjüngling«, schnurrte der pechschwarze Kater auf seinem Schoß, »ich lief lange herum, überall erkundigte ich mich, kein Tier und keinen Stein übersah ich. Niemand wußte etwas, bis es mir die alte Föhre im Tal sagte.«

»Ach, Kater, wenn das stimmt...!«, jubelte der Schlangenjüngling.

Er eilte hinaus und begegnete der Stiefmutter.

»Möchtest du nicht doch meine Tochter sehen?«, fragte sie süßlich.

»Ganz bestimmt könnte sie dich trösten.«

»Wenn du willst, so bringe deine Tochter her«, sagte der Schlangenjüngling, »doch erst, wenn hundert Tage verstrichen sind.«

Von diesem Tag an stand der Schlangenjüngling auf, ehe der erste rötliche Dämmerschein am Himmel erschien, und er schleppte die schweren Wassereimer bis zum Abend, da der erste Stern am Himmel erstrahlte.

So begoß er das Feuer tagtäglich mit hundert Eimern Wasser, volle hundert Tage lang. Er war schon so erschöpft, daß er sich kaum mehr auf den Beinen halten konnte. Als er am hundertsten Tag den hundertsten Eimer in das Feuer goß, begann sich alles um ihn zu drehen, die Beine versagten ihm den Dienst, der Schlangenjüngling sank zu Boden und schlief ein. Er schlief die ganze Nacht und wußte nicht, was mit ihm geschah. Am Morgen vermochte er kaum die Augen zu öffnen, plötzlich war es ihm jedoch, als streiche ihm eine zarte Hand liebevoll über das Haar.

Er schlug die Augen auf und empfand eine tiefe, unfaßbare Freude. Neben ihm saß, noch jünger und schöner als zuvor, seine gute, schöne Frau.

Im gleichen Augenblick öffnete sich die Tür, und die Stiefmutter trat ein. Sie brachte ihre Tochter mit, die sie mit dem Schlangenjüngling verheiraten wollte.

Als die Frauen sahen, was geschehen war, ergriff sie ein solches Entsetzen, daß sie kehrtmachten und Hals über Kopf davonliefen.

Sie rannten über Stock und Stein und fielen in eine tiefe Schlucht. Niemand vermißte sie, und niemand suchte sie. Und der Schlangenjüngling lebte seit dieser Zeit mit seiner Frau in Frieden und Glück.

Märchen aus China

Die schönste Rose der Welt

Es war eine mächtige Königin, in deren Garten sich die schönsten Blumen für jede Zeit des Jahres und aus allen Ländern der Welt befanden; aber besonders die Rosen waren es, die sie liebte, und darum hatte sie von diesen die meisten verschiedenen Arten, von der wilden Rosenhecke mit den apfelduftenden, grünen Blättern bis zur schönsten Rose der Provence. Und die Rosen wuchsen an der Mauer des Schlosses empor, schlangen sich um die Säulen und Fenstergesimse, hinein in die Gänge und an den Decken entlang in alle Säle; und sie wechselten in Duft, Form und Farbe.

Aber Kummer und Traurigkeit wohnten im Schloß; die Königin lag krank, und die Ärzte verkündeten, daß sie sterben müsse. »Es gibt eine Rettung für sie!«, sagte der weiseste unter den Ärzten. »Bringt ihr die schönste Rose der Welt, die, welche der Ausdruck der höchsten und reinsten Liebe ist. Kommt die vor ihre Augen, bevor sie brechen, dann stirbt sie nicht.«

Und Junge und Alte kamen von ringsumher mit Rosen, mit den schönsten, die in jedem Garten blühten, aber diese Rosen waren es nicht. Vom Garten der Liebe mußte die Blume geholt werden. Aber welche Rose war dort der Ausdruck der höchsten, der reinsten Liebe?

Die Dichter sangen von dieser schönsten Rose der Welt. Und es ging die Botschaft weit hinaus ins Land an jedes Herz, das in Liebe schlug, es ging Botschaft an jeden Stand und an jedes Alter.

»Noch niemand hat bisher die Blume genannt«, sagte der Weise. »Niemand hat auf den Ort hingewiesen, wo sie entsprang in ihrer Herrlichkeit. Es sind nicht die Rosen von Romeos und Julias Sarg, obwohl diese Rosen immer duften werden durch Sagen und Lieder. Es ist auch nicht jene Wunderblume, für deren Pflege ein Mann in Jahren und Tagen, in langen, schlaflosen Nächten in der einsamen Stube sein frisches Leben hingibt, die magische Rose der Wissenschaft.«

»Ich weiß, wo sie blüht«, sagte eine glückliche Mutter, die mit ihrem Kind an das Lager der Königin kam. »Ich weiß, wo sich die schönste Rose der Welt befindet, die Rose der höchsten und reinsten Liebe: Sie blüht auf den rosigen Wangen meines Kindes, wenn es gestärkt vom Schlaf die Augen aufschlägt und mir entgegenlacht mit seiner ganzen Liebe.«

»Schön ist diese Rose, aber es gibt eine schönere!«, sagte der Weise.

»Ja, eine viel schönere«, sagte eine der Frauen. »Ich habe sie gesehen, aber sie war blaß, wie die Blätter der Teerose. Auf den Wangen der Königin selbst habe ich sie gesehen. Sie hatte ihre königliche Krone abgelegt und ging in der langen, sorgenvollen Nacht mit ihrem kranken Kind umher, weinte über es, küßte es und betete zu Gott, wie nur eine Mutter betet in der Stunde der Angst.«

»Heilig und wunderbar in ihrer Macht ist die weiße Rose der Trauer, aber doch ist es nicht diese«, sprach der Weise.

»Nein, die schönste Rose der Welt sah ich vor dem Altar des Herrn!«, sagte der alte Bischof. »Ich sah sie leuchten, als zeigte sich eines Engels Antlitz. Die jungen Mädchen gingen zum Abendmahl, erneuerten ihren Taufbund, und es erglühten Rosen, und es erbleichten Rosen auf den frischen Wangen. Ein junges Mädchen stand dort; sie blickte mit der vollen Reinheit und Liebe ihrer ganzen Seele auf zu ihrem Gott; das war der Ausdruck der reinsten und der höchsten Liebe.«

»Gesegnet sei sie!«, sagte der Weise, »doch auch dies Mädchen war es nicht; niemand von euch hat bis jetzt die schönste

Rose der Welt genannt.«

Da trat in die Stube herein ein Kind, der Königin kleiner Sohn, Tränen standen in seinen Augen und auf seinen Wangen; er trug ein großes, aufgeschlagenes Buch; der Einband war aus Samt und mit großen Silberbeschlägen.

»Mutter!«, sagte der Kleine, »höre doch, was ich gelesen habe!« Und das Kind setzte sich ans Bett und las aus dem Buch vor von dem, der sich selbst dem Kreuzestod hingab, um die Menschen zu erlösen: ›Größere Liebe gibt es nicht!‹

Und es ging ein Rosenschimmer über die Wangen der Königin, ihre Augen wurden so groß, so klar, denn sie sah von den Blättern des Buches sich erheben die schönste Rose der Welt, das Bild derjenigen, die aus Christi Blut am Holze des Kreuzes entsprang.

»Ich sehe sie«, sagte sie. »Niemals stirbt der, der diese Rose sieht, die schönste auf Erden!«

Hans Christian Andersen (bearbeitet)

Male auf die Rinde des Baumes

Dalmaru, ein Mann, der mit den Lilien verwandt war, saß am Seeufer. Der helle Schatten eines kahlen Baumes fiel auf ihn. Auf dem See schwammen Sumpfgänse. Blau war das Wasser, blau wie der Himmel; die roten Blüten der Seelilien leuchteten auf der Oberfläche. Sie schwammen zwischen runden grünen Blättern. Am Horizont stand eine schwarze Wolke. Dalmaru hielt ein Stück Rinde in der Hand.

»Was hast du da?«, frage die schwarze Wolke.

»Rinde.«

»Wozu?«, fragte die Wolke und kam langsam, ganz langsam näher.

»Ich will ein Bild auf die Rinde zeichnen. Wir Menschen malen gern die Dinge, die wir essen. Und es wird uns wohl im Kopf und im Herzen, wenn wir arbeiten.«

Dalmaru war der Letzte des Stammes, der früher am See gelebt hatte. Seine Brüder hatten andere Jagdgründe aufgesucht. Allein betrachtete Dalmaru nun die Sanddünen, die sumpfige Ebene und die Seen voller Vögel und Fische. Allein sah Dalmaru die schwarze Wolke an, die immer näher kam.

Dalmaru hob einen flachen Stein auf und zerrieb auf ihm farbige Lehmbrocken. Er befeuchtete sie mit Speichel und rührte daraus dünne Breie. Er brach einen Zweig von einem Baum ab, der neben ihm stand, und kaute ihn an einem Ende. Dann tauchte er ihn in die Farbe. Er malte und sang dazu ein altes Lied, das hier niemand mehr kannte.

Auf der Rinde kam eine große Eidechse zur Welt. Die schwarze Wolke war wiederum ein Stückchen näher gerückt, um besser sehen zu können. Dalmaru tauchte abermals den Pinsel ein und malte eine Schildkröte mit einem sehr langen Hals. Zwischen der Eidechse und der Schildkröte breitete sich ein großer roter Tümpel aus.

Auf dem See der roten Lilien tanzte ein Vogel mit langen Beinen auf den grünen Blättern. Die Lilien leuchteten und stachen in die Augen. Auf dem Wasser schwammen Wassersterne und kleine Gänse, Trompetenschwäne schnappten nach Mücken.

»Wenn ich dich so sehe, kommen mir viele Dinge in den Kopf«, sagte Dalmaru zur Wolke. Sie war jetzt groß und schwarz.

»Zuerst male ich das Bild hier!« Dalmaru wies auf seine Stirn.

»Wenn es dort fertig ist, suche ich mir ein Stück Rinde. Dann male ich mein Märchen auf die Rinde.«

»Warum?«, fragte die schwarze Wolke.

»Ich male, weil mir wohl im Herzen und im Kopf ist«, antwortete der Mann. »Wenn das Wetter kalt wird, dann wühlt sich die große Eidechse in die Erde, und sie gräbt so lange, bis sie sich ganz eingegraben hat. Dann schläft sie unter der Erde.«

»Und die Schildkröte?«, fragte die Wolke und sah Dalmaru über die Schulter.

»Auch die Schildkröte gräbt sich ein, wenn es kalt und trokken wird. Aber zuerst frißt sie sich voll und dick«, sagte Dalmaru. »Die Seen und Tümpel und Sümpfe trocknen aus, und die Erde wird hart, und es ist kalt.«

»Und die Tiere?«, fragte die Wolke.

»Die beiden schlafen, sie schlafen, wenn du kommst«, sagte der Mann und blickte in das schwarze Antlitz der Wolke.

»Dann regnet es. Die Tümpel und Seen füllen sich mit Wasser, die Erde wird weich, und die Eidechse kriecht hervor.« Dalmaru wies auf die Zeichnung. »Die weißen Tupfen und Striche sind der Regen.«

»Die roten Flecke sind die Tümpel mit altem Wasser«, sagte die Wolke und schaute ihm über die Schulter.

»Die Eidechse sucht nun nach der Stelle, wo sich die Schildkröte eingegraben hat, und gräbt und gräbt dann so lange, bis sie auf die Schildkröte stößt. Dann kann die Schildkröte herauskommen. Sie kriecht zum neuen Wasser, da es geregnet hat. Die kluge Eidechse bleibt hinter ihr. Sie legt die Vorderbeine auf den Panzer der Schildkröte, damit sie ihr nicht davonläuft, und bleibt immer hübsch hinter ihr.«

Der Mann lachte kurz auf.

»Dann trinkt die Schildkröte, und die Eidechse trinkt auch. Beide gehen zur Sandbank. Dort gräbt die Schildkröte eine Grube, legt ihre Eier hinein und deckt sie zu. Dann geht sie fort. Und die Eidechse gräbt die Schildkröteneier aus und ißt sie auf.«

Der Mann blickte zu den Sanddünen hin.

»Oft hat mir meine Mutter diese Geschichte erzählt. Und ich habe selbst oft gesehen, daß die beiden es so machen, die **213**

Schildkröte und die Eidechse. Deshalb habe ich es aufgemalt. Und darum erzählte ich es meinen Kindern.«

»Aber du sagtest doch, daß die Eidechse die Eier frißt«, sagte die Wolke.

»Die Menschen sind noch klüger. Wenn ich rechtzeitig das Bild male, dann sagt es mir alles. Ich gehe an die richtige Stelle und erbeute die dicke Eidechse und die fette langhalsige Schildkröte und eine Menge von Schildkröteneiern. Und ich mache ein Feuer und esse alles auf.« Wieder lachte der Mann.

»Achtung!«, sagte die Wolke.

Es donnerte, und warmer Regen fiel auf die Erde. Dalmaru setzte noch ein paar weiße Tupfen und Striche in sein Bild. Dann stand er auf.

Märchen aus Australien

Spielanregungen von Wolfgang Longard

Kapitel 1: Woher kommt die Welt?

Knetspiel zum Märchen:
»Über die Menschen«

Kneten und modellieren: das macht fast allen Kindern Freude. Am Anfang ist da ein unförmiger Kloß, nun beginnt der schöpferische Akt. Der Formende hat sein Ziel vor Augen, in seiner Phantasie lebt schon das fertige Bild, aber noch ist alles Abenteuer des Werdens.

Auch mit den fertigen, gekneteten Figuren spielen die Kinder gern, die Gliedmaßen, die Körper dieser modellierten Wesen sind biegbar, sie können liegen, sitzen, gehen usw.

Im vorliegenden Märchen allerdings geht es um allerlei Zwischenstufen, die Formenden machen ihre Lernerfahrungen. Steckt man nämlich im Modellierspiel zwei gekreuzte Stäbchen, vielleicht Zahnstocher, in die Figuren, dann entsteht jenes Schöpfungsergebnis, das Tlaloc »geglückt« war: mit steifen Armen, steifen Händen und Beinen! Mit einem spitzen Hölzchen können die Kinder auch die Schuppen in die Knetmasse eindrücken. Das Märchen erzählt, daß Quetzakoatl diese Wesen nicht gefallen haben, er will andere Wesen formen. Sie sollen Gelenke haben, große Augen und nur noch an den Fingerspitzen Schuppen. Auch ein großes Herz, um einander lieben zu können.

215

Schließlich freuen sich Falle, dass dies nun wirklich schöne Wesen sind, sie sollen die Erde bevölkern.

Hier werden die Kinder nun wohl das Knetspiel ausweiten, denn die zwei beweglichen Wesen sollen sich lieben und Kinder bekommen: Gewiss entsteht eine zahlreiche Familie in einer bunten Welt, denn das Märchen erzählt auch schon von den Quellen, Flüssen und Vögeln, an denen die Menschen ihre Freude haben sollen.

Fadenspiel zum Märchen:
»Wie es kam, daß der Mond am Himmel aufging«

»... die Baggingstengel umschlangen plötzlich Sulaymins Körper, und gleich darauf wurde sie zum Himmel hinaufgehoben, als würde sie vom Winde weggeweht, ... als aber die Nacht hereinbrach, blickten die Menschen überrascht zu dem milden Licht...«

Auf einem einfarbigen Teppich oder Teppichboden lässt sich dieses Märchen in seinen Grundphasen als Fadenbildspiel nachgestalten. Besonders schön kann das Spiel werden, wenn die Kinder zusätzlich zwei lose Teppichfliesen zur Verfügung haben. Daneben sind viele bunte, leicht angefeuchtete Wollfäden nötig.

Die hellen Fäden werden für den König Sonne und später für den Mond wichtig sein. Wird die Sonne, die zunächst sehr matt scheint, auf eine lose Teppichfliese gelegt, so kann sie im Spiel richtig »aufgehen« und »untergehen«, in dem ein Kind sie über dem Fadenbild der Welt hin- und herschiebt oder auch trägt. Auf eine zweite bewegliche Teppichfliese, oder auch auf ein einfarbiges Kissen, legt ein Kind die Baggingstengel, die dann Sulaymins Körper umschlingen, was im Fadenbild leicht darzustellen ist. Entschwebt die Pflanze mit dem Mädchen, so wird die Fliese hochgehoben und oben über der Welt verwandelt – in einen leuchtenden Mond. Nun kann sich die bisher so karge, traurige Welt freuen. König Sonne hat nun eine Frau, von diesem Tag an überschüttet er die Erde mit warmen Strahlen, dass es nur so eine Pracht ist, – des Nachts aber kann jeder das milde Licht des Mondes bestaunen: im Palast trauert man um Sulaymin, aber sie ist nun die Frau des Königs Sonne.

Durch die Beweglichkeit der zwei Fliesen oder Kissen gewinnt das Fadenspiel seinen besonderen Reiz. Natürlich müssen gegen Ende neue, leuchtendere Fäden die Sonne verschönen, und auch auf der Erde blüht dann alles auf. – Vielleicht gefällt den Kindern ihr Fadenbildspiel so gut, dass sie es gleich noch einmal beginnen wollen.

Kapitel 2: Welt der Elemente

Szenisches Spiel mit farbigen Tüchern zum Märchen:
»Schawenis und das Wasser des Lebens«

Wo nach dem Erzählen dieses Märchens mit den Kindern ein kleines szenisches Spiel gestaltet werden soll, bietet sich, gerade für diese Geschichte, der Einsatz von Tüchern unterschiedlicher Farbe an:

• dunkle Tücher für die Szene des Elends und Hungers;
• vielfarbige Tücher für alles Gewebte und die Hochzeitsstoffe;
• gelbe Tücher für die Wüste;
• blaue Tücher für das Wasser des Lebens.

Szene I:	Schawenis klagt über Armut und Elend. Sie will Baumwolle sammeln und das Weben erlernen. Bald gelingen ihr immer schönere Tücher und sogar Tanzschärpen.
Szene II:	Neugierige drängen heran. Schawenis beginnt, Tücher zu verkaufen. Die Frauen zahlen gut; die Armut ist vorbei. Sie webt immer mehr, doch der Erfolg macht Schawenis hochmütig. Als junge Indianer kommen und mit anderen bunten Stoffen für ein Brautgewand um sie werben, weist sie alle höhnisch zurück: »Geht weg, ich kann mir die schönsten Gewänder selbst machen, ich brauche weder euch noch eure Stoffe!«
Szene III:	Weil Schawenis' Hochmut sich immer mehr verstärkt, reden die Leute besorgt über sie. »Nur noch Reichtum scheint für Schawenis wichtig zu sein«, klagen die Leute. »Ob dieser Hochmut am Ende bitter bestraft wird?«
Szene IV:	Ein Indianer, der nach einem Bärenkampf Narben im Gesicht trägt, will Schawenis trotz allem heiraten. Er liebt sie wirklich. Doch als er ihr das Hochzeitsgewand bringen will, verlacht und verspottet sie ihn wegen seiner Narben. Ja, sie verjagt ihn.
Szene V:	Schawenis liegt krank. Drei Geister kommen (in dunklen Tüchern gut darstellbar) an ihr Bett; sie bringen Krankheit, Elend und Tod heran. Unter Blitz und Donner entschwinden sie (aber das Bett ist mit dunklen Tüchern bedeckt). Schawenis kann nicht mehr aufstehen, auch nicht mehr reden. Trostlos ist ihr Zustand.
Szene VI:	Schawenis' Mutter ruft den ersten Medizinmann, doch dessen Mühe ist vergebens. Ein zweiter, noch

berühmterer, kann Schawenis wenigstens die Sprache wiedergeben. Mit leiser Stimme hört man sie sagen: »Schon drei Nächte lang höre ich, wie die Toten mich rufen. Muss ich wirklich sterben?« Der Medizinmann und Zauberer an ihrem Bett meint: »Wenn dein Stolz, dein Hochmut gebrochen ist, dann gibt es noch ein Mittel: Liebe brauchst du, echte Liebe« Da eilt der narbige Indianer herbei, er liebt Schawenis noch immer, er will alles für sie tun. Der Zauberer sagt zu ihm: »Geh in die Wüste, such, wo dort im Verborgenen das Wasser des Lebens strömt. Bring es zu Schawenis.«

Szene VII: Zwischen Wüstensand und Steinen irrt der Indianer umher. Er sucht bis zur Erschöpfung. Nach Tagen fällt er erschöpft zu Boden und schläft ein. Im Traum hört er Schawenis singen. Als er wieder erwacht, beginnt er zu graben. Unter einem Stein findet er das heilkräftige Wasser. Als er sein Gesicht darin wäscht, verschwinden seine Narben: »Dieses Wasser kann auch Schawenis heilen.« Er füllt einen Krug und läuft zurück.

Schlussszene: Schawenis scheint schon im Sterben zu liegen. Doch der Trunk vom Wasser des Lebens lässt sie gesunden. Sie kann aufstehen, da erkennt sie das nun narbenlose Gesicht des Indianers. Er sagt zu ihr: »Das Wasser des Lebens hat mein Gesicht heil gemacht.« Der Medizinmann und Zauberer aber fügt hinzu: »Dieser Mann liebt dich wirklich, das ist deine Rettung. Er holte für dich das Wasser des Lebens. So haltet nun Hochzeit, aber Hochmut soll in euren Herzen keinen Raum gewinnen.«

Rollenspiel zum Märchen:
»Wie das Leben durch die Welt wanderte«

Will man dieses afrikanische Märchen als Rollenspiel in Dialog und Bewegung nachgestalten, so sind dazu aus der Kindergruppe oder Klasse vier kleine Spieler nötig: das Leben, der Gliederkranke, der Blinde und der Leprakranke.

In sparsamen Bewegungen werden die Kinder das jeweilige Leiden andeuten wollen: Steifheit und geschwollene Gliedmaßen, die man besorgt befühlt, sind ebenso anzudeuten wie Blindheit, bei der man mühsam seinen Weg ertastet. Lediglich die Darstellung des an seinen Geschwüren leidenden Leprakranken ist schwieriger, aber gerade hier genügen vielleicht einige Binden, mit denen die besonders erkrankten Hautstellen umwickelt werden.

Jedesmal, wenn das »Leben« einen Leidenden von seinem Gebrechen befreit hat, sollte im Spiel auch erkennbar werden, wie einer etwa mit neu gewonnenen Augen staunend seine Umgebung ansieht, wie ein anderer seine Gliedmaßen wieder gebrauchen kann oder seine gesunde Haut streichelt und bestaunt. Aber alles Erlittene gerät so schnell in Vergessenheit, zwei Geheilte werden hartherzige Menschen.

Als das »Leben« nach sieben Jahren wieder vom einen zum anderen geht und jeden besuchen will, erreicht die Spannung den Höhepunkt. In der Gestalt des jeweiligen früheren Leidens klopf das »Leben« an: als Blinder, als Lepra-Kranker und als Glieder-Kranker. Weil aber die ersten beiden Besuchten nur an sich denken, werden sie zur Strafe erneut von ihrer alten Krankheit befallen. Nur der Besuch beim Gliederkranken verläuft anders: Er hat sein Leiden nicht vergessen, und den, der ihn davon befreit hat, auch nicht. In der Dankbarkeit klingt diese Szene aus.

Die knappen Dialoge sind auch schon von sieben- und achtjährigen Kindern zu bewältigen; der Kindergruppenleiter, Erzieher oder Lehrer achte nur darauf, dass jeder kleine Rollenspieler für sich Klarheit über die sogenannten klassischen drei W-Fragen des darstellenden Spieles hat: Wer bin ich? – Wo bin ich? – Was will ich?, dann kann die Rollenspielfassung dieses afrikanischen Märchens gelingen und wird Anstöße geben, im Gespräch den Hintergründen dieser Erzählung nachzuspüren.

Erzählpantomime zum Märchen:
»Stein und Bambus«

Vier Kinder sind für dieses Spiel und seine Nacherzählung nötig: eines für den Stein, eines für die Bambusstaude, eines für den Papagei sowie ein Kind zum Erzählen bzw. Vorlesen dieses brasilianischen Märchens; aber es können auch weitere Kinder mitspielen, indem sie etwa das Geräusch des niederfallenden Regens nachahmen sowie den Wind.

Zur Darstellung des Steines wird sich vielleicht das kleinste Kind zusammenkauern, so dass es halb gerollt und halb geworfen werden kann. Aufrecht stehend wird die Bambusstaude gespielt, aber sie kann sich neigen und biegen, schließlich wird sie alt.

Sitzt der Papagei auf der Bambusstaude, ist sie natürlich recht gekrümmt von seinem Gewicht.

Über das bewegte Leben der Staude und ihren Gestaltwandel wundert sich der Stein, er spürt nichts und wandelt sich nicht.

Im Nachspielen des Märchens könnte das Gespräch der beiden durch allerlei Klänge verdeutlicht werden, wenn die Bambusstaude von Wind und Regen spricht, sollte man ein ent-

221

sprechendes Wehen und Tropfen hören. Pantomimisch kann das Kind, das die Bambusstaude spielt, nachahmen, wie die Staude lebt, wächst und sich bewegt.
Der Stein bekommt keine Kinder, aber sie. In ihnen beginnt ihr Leben erneut mit allem Auf und Ab.

Am Ende des nachgespielten Märchens könnte das »Erzählerkind« wieder selbst in die Szene treten, den Stein wegrollen bis ins Wasser, das natürlich deutlich platschen muss, und die Bambusstaude abschneiden. Es braucht einen Stock – aber neue kleine Bambusstauden wachsen schon. Erprobt man diese kleine Erzählpantomime zum brasilianischen Märchen in einer größeren Kindergruppe oder Klasse, so enthält gerade die kurze einfache Handlung die Chance, durch mehrfache Wiederholung in wechselnden Rollen eine ganze Reihe von Kindern spielend sich in den uralten Rhythmus des Neuwerdens und Altwerdens, des auf- und absteigenden Lebens hineinversetzen zu lassen.

Kapitel 4: Was die Welt zusammenhält

Rußbildspiel zum Märchen:
»Mein Liebster wohnt hinter dem Roten Meer«

In Fotogeschäften und Fotodrogerien erhält man Diadeckgläser, auch *Menzel*-Gläser genannt. Bewegt man sie behutsam über einer brennenden Kerze, so entsteht eine ockerfarbene Rußschicht, auf der sich mit Zahnstocher, Stricknadeln, leeren Kugelschreiberminen usw. gut zeichnen läßt. Die Gläser mit den fertigen Rußbildern – nur ihr Rand bleibt als blinde Fläche frei – steckt man dann in einen nichtautomatischen Diaprojektor, dessen Bildwechsel noch durch Schieben von Hand erfolgt.

Auch den Titel kann man auf die berußten Gläser malen, man muß ihn dann nur spiegel- und seitenverkehrt in den Projektor stecken, dann ist die Schrift auf dem warmen Ockergrund gut zu lesen.

Zuerst malt man wohl den Mann mit seinen drei Töchtern. Ein zweites Bild müsste darstellen, wie er krank liegt und seine Töchter ruft.

Dann folgen die Bildszenen am Brunnen. Malt man in einem großen Bild die Wasseroberfläche des Brunnens, so könnte dieses Rußbild, während erzählt wird, wie die Stimme aus dem Wasser kommt, »lebendig werden und sich etwas verwandeln«. Man lässt dafür ein nicht zu dickes Glas (Wasser- oder Weinglas) vor der Projektorlinse langsam hin- und hergleiten. Verändert man dabei auch noch geringfügig die Schärfeneinstellung des Projektors, so wirkt das gezeichnete Wasserbild tatsächlich wie verzaubert. Schweigt die Stimme des Brunnenwassers, so stellt man das Bild wieder klar und nimmt das Glas von der Linse.

In den folgenden Bildern kommen nacheinander alle Schwestern zum Brunnen, immer wieder gibt es die erstaunliche Wasserbildveränderung, wenn die Stimme aus der Quelle zu hören ist.

Für die Szenen am Abend in der Dunkelheit muss man die Gläser etwas schwärzer berußen (länger über der Kerzenflamme hin- und herbewegen). Das später dann Aufgemalte wirkt so wie auf nächtlichem Hintergrund.

Die Kuhhaut kann dazu besonders kontrastieren, wenn man sie fast ganz vom Ruß freikratzt, sie wirkt dann sehr leuchtend und hell, natürlich ist es auch möglich, sie fleckig zu gestalten.

Verwandelt sich die Kuhhaut in den schönen Jüngling, so wäre dies dadurch eindrucksvoll zu gestalten, indem man die Zeichnung mit der Kuhhaut langsam unscharf dreht und dann rasch 223 das Jünglingsbild hineinschiebt und wieder Schärfe vorn an der Linse einstellt.

Wenn schließlich die Mutter einige Szenen später die Haut verbrennen will, so kann eine besonders reizvolle Gestaltungsvariante des Rußbildmalens dazu benutzt werden: alte, nichtautomatische Diaprojektoren haben einen 1-2 cm großen Zwischenraum zwischen projiziertem Dia oder Glas und dem Linsenansatz. Mit einer Stricknadel oder einem Mikadostift kann man nach einiger Übung auch während des Projizierens noch kleine zusätzliche Dinge auf das Rußbild malen. In unserem Falle lassen sich leicht kleine Flammen auf die Darstellung der Haut malen. Die kleinen Feuerzungen vermögen aber die Kuhhaut nicht zu zerstören. In einem weiteren Bild zeichnet man sie nur etwas kleiner, etwas geschrumpft. Nun ist sie zu klein, der Jüngling kann leider nicht mehr hineinschlüpfen. Die Trennung ist die Strafe für diesen Versuch der Mutter, die Haut zu vernichten. Ein Abschiedsbild wird nun gezeichnet werden müssen. Die nächsten Szenen schildern die lange Wanderung bis zur Ankunft am Schloss.

Das schöne Kleid kann wiederum während des Projizierens im Apparat mit kleinen Elementen verziert werden. Dann folgen die Szenen, in denen die Liebenden sich erkennen. Ihre Liebe ist so stark und einfallsreich, dass am Ende alles gut wird.

Etwa 15-18 Dias müssten berußt und bemalt werden. Dann macht es bestimmt Spaß, einige Zuhörer und Zusehen einzuladen. Über die schönen, stimmungsvollen Bilder, die sich sogar gelegentlich verändern und noch schöner werden, wird man bestimmt staunen.

Erzählpantomimen-Spiel zum Märchen:
»Der Mann, der Krabben ausgrub«

Wesentliche Teile dieses Märchens leben von Bewegungselementen, darum lohnt es, zu gleichzeitigem Erzählen vieles von den Kindern pantomimisch darstellen zu lassen.

Nachdem der Märchenbeginn erzählt ist, kann die erste pantomimische Szene beginnen. Der Aufgang der Sonne ist von den Kindern darstellbar, ebenso das Erwachen, das Überlegen, das Aufbrechen und der Arbeitsbeginn. Dann findet der Junge tatsächlich eine Krabbe, trägt sie zum Markt und verkauft sie. Mit der Heimkehr endet der erste pantomimisch leicht spielbare Teil.

Nun wird weitererzählt vom Mädchen Pau. Ihre ersten Begegnungen mit dem Krabbenverkäufer lassen sich dann wieder schön in Bewegungen darstellen, auch, wie sie aneinander Gefallen finden.

Erzählt werden müsste dann wieder das Gespräch zwischen den Schwestern und Eltern. Die pantomimische Darstellung aber kann einsetzen, wenn das Mädchen geholt wird. Die Eltern beschimpfen sie. Mit dem Päckchen, das die Mutter packt, muss die Tochter aus dem Haus.

Das nachfolgende lässt sich wieder direkt zur Erzählung mimen: wie sich der junge Mann mit Pau eine Hütte baut, wie er erneut Krabben ausgräbt und sie verkauft, wie er vom Erlös allerlei heimbringt, damit beide davon leben können.

Ist die Einleitung zum nächsten Handlungsteil geschildert, kann das heimliche Folgen wieder gemimt werden. Nun weiß Pau, wo ihr Mann jeden Morgen gräbt. Als er zum Brennholzsammeln weiter entfernt ist, schleicht sich Pau zum Krabbenfundort. Dies ist ganz gewiss von den Kindern leicht pantomimisch nachzugestalten: Nachdem sie die Stelle verwüstet hat, geht sie heim und kocht, um schließlich mit ihrem Mann wie gewohnt zu essen.

Wie am Schluss nun Reichtum einkehrt und die vom Mann gefundene Schale sich wie unter einem Zauber füllt, kann als Zwischenteil wieder erzählt werden, während der Besuch bei den Eltern, die Wette mit den Schwestern, das Zählen der Kostbarkeiten dann ebenso schön zu mimen ist wie der Zug heim. Viele Wagen kommen schwerbeladen vor dem Haus der Eltern an, und das Glück ist groß.

Kapitel 5: Wunder Welten

Spielvorschlag zum Märchen:
»Ein neues Gesicht«

Ihr könnt ein Überschriftenspiel zum Märchen »*Ein neues Gesicht*« machen. Beim Vorlesen wird die eigentliche Überschrift einfach weggelassen. Nun gebt ihr jedem, der mitspielen will, drei Zettel und einen Stift zum Schreiben. Gesucht werden neue, verschiedene Überschriften für diese Geschichte, bald lustig, bald grausig, bald nachdenklich... Schließlich sammelt ihr alle Überschriftzettel in einen kleinen Karton, mischt die Zettel gut durch und lest sie vor.

Vielleicht kann nun ein Sortieren beginnen: Alle lustigen Titel kommen auf einen Stapel, alle grausigen, erschreckenden auf einen zweiten, alle nachdenklichen auf einen dritten Stapel.

Die Abstimmung, welche Überschrift in der jeweiligen Abteilung am meisten »Punkte« bekommt, könnt ihr auch auf lustige, verspielte Weise gestalten: Jeder Mitspieler erhält drei kleine Löffel oder drei Schlüssel. Hebt einer beim Vorlesen einer Überschrift alle drei Löffel hoch und andere vielleicht auch, so ergibt dies eine hohe Punktzahl. Schließlich wird zusammengerechnet.

Ihr könnt auch nach dem Lesen oder Erzählen dieses Märchens »Zeitungsredaktion« spielen, in der halbe Überschriftenzeilen leider durcheinandergekommen sind. Wer ordnet sie richtig zusammen, so dass es immer einen sinnvollen Überschriftensatz gibt?

Wie ein Kaufmann schließlich ...
Schau tief in den Spiegel ...
Einmal aber geschah es ...
Warum die Partner ...
Mitten in der Konferenz aber ...

> ... dann siehst du dich richtig
> ... den eigenen Chauffeur erschreckte
> ... plötzlich aufstanden und gingen
> ... verwandelte sich sein Gesicht
> ... dass er durchschaut

Ihr könnt diese zehn halben Überschriften vielleicht mit einer Schreibmaschine und Durchschlagpapier rasch abtippen und in mehreren Spielexemplaren verteilen. Ihr gebt auch ein paar Scheren aus, und gewonnen hat, wer als erster alle Überschriften richtig zusammengestellt hat.

Kapitel 6: Das Gute und das Böse in der Welt

Farbiges Overhead-Figurenspiel zum Märchen:
»Die ersten Erdbeeren«

Tageslichtprojektoren (Overheadgeräte) gibt es in vielen Schulen und Kirchengemeinden; auf diesen Geräten kann man nicht nur schwarzweiße Schattenspiele gestalten, sondern auch farbige Figurenspiele erproben.
Benötigt werden neben den handelsüblichen unlinierten Folien farbige Zellophanreste oder dünnes Seidenpapier in mehreren Farben. Mit Overheadfolienstiften kann man natürlich auch aus-

geschnittene Folienfiguren bunt anmalen. Es empfiehlt sich, die durchsichtigen Flachfiguren mit einem ebenfalls durchsichtigen langen Führungsteil (Führungsstab) zu bekleben. Ohne dass man die Hand des spielenden Kindes sieht, bewegt sich so auf der Projektionsfläche das vorbereitete Figurenmaterial; von unten oder seitlich wird es geschoben. Die Figuren können sogar vergrößert »entschwinden«, wenn man sie nach oben abhebt und in Richtung auf die Spiegellinse führt. In unserem Märchen ist aber ein solcher Effekt nicht nötig, indes werden mehr und mehr farbige, gelb leuchtende Sonnenstrahlen benötigt und natürlich die verschiedenen Beeren. Fehlt es an geeigneter Zellophanfolie in Blau oder Himbeerfarbe, so malt man mit einem farbigen Overheadstift einfach auf die Klarsichtfolie auf und schneidet dann die Form des Strauches oder der Staude aus. Auch hier ist ein durchsichtiger Führungsstab von ca. 1 cm Breite praktikabel. Nach dem Vorlesen oder Erzählen der Geschichte wird sich die Schulklasse oder Kindergruppe zunächst über alle herzustellenden Figuren einigen; Kleingruppen beginnen mit dem Skizzieren und Aufmalen der Personen und der Sonne; andere gestalten die Früchte, wieder andere erproben das langsame Aufleuchten einer Overheadszene durch sanftes Aufdecken eines zunächst vor die Spiegellinse gehaltenen Blattes Papier. Ob auch etwas Musik für Szenenbeginn und Szenenausklang erprobt wird? Viel Spaß beim Aufführen!

Kapitel 7: Narrenwelt

Buntes Fadenspiel zum Märchen:
»Die schlaue Schnecke«

Auf die größte Teppichfliese – oder auf zwei hinten mit Klebeband zusammengehefteten Fliesen – legen die Kinder aus bunten, angefeuchteten Wollfäden zuerst das große Pferd, dann auf die anderen Fliesen lauter gleich aussehenden Schnecken. Nun beginnt das Nachspielen des kleinen Märchens aus Burma mit der Begegnung des Pferdes mit einer Schnecke; man verabredet den Wettlauf. Schnell ruft die eine Schnecke heimlich viele andere Schnecken zusammen. Der Plan entsteht, sich am Weg gleichmäßig zu verteilen. Damit man die am Weg postierten Schnecken noch nicht sieht, legen die Kinder über jedes Schneckenfadenbild behutsam ein Blatt Papier. Die abgedeckten Fliesen sehen fast wie Kilometersteine am Weg aus. Der Lauf beginnt: Ist die Fliese mit dem Pferd darauf an einer verdeckten Fliese (mit Schnecke) vorbei, wird das Papier weggenommen. Das Pferd wundert sich. Am Ende haben in der Tat nicht die schnellen Pferdebeine gewonnen, sondern die gute Idee aus dem Kopf einer ach so schlauen Schnecke.

Kapitel 8: Gottes Wirken in der Welt

Fußbodenspiel zum Märchen:
»Das Feld der Bruderliebe«

Aus Zeitungspapier kann man einfache Figuren reißen. Gehen dabei Kopf oder Arm versehentlich ab, klebt man sie wieder an. Aber gerade aus einem Stück gerissene Figuren sehen besonders originell aus. Wer sich das nicht zutraut, male einfach seine Figuren mit dickem Filzstift vorher auf das Zeitungspapier und reiße dann ungefähr an den aufgemalten Umrisslinien entlang. Schneidet man dagegen aus, so wirkt jede Figur glatt und oft eckig. Gerissene Figuren sind derber, denn viele Kleinigkeiten an ihnen entstehen wie zufällig.
Ein kleiner Erzähler könnte die verbindenden Sätze sagen. Man benötigt im Grunde nur die beiden Hauptfiguren, die **229**

zwei Brüder, dazu die Andeutung zweier Betten und ein Feld. Den Boden des Feldes reißt man aus einem vielleicht handtuchbreiten Stück Papier, die Ähren sollten etwas dünner, schlanker ausfallen. Die Szenenanordnung sieht vielleicht so aus, dass man in der Mitte der Fußbodenspielfläche, auf der man die Figuren hin- und herschiebt, das große, schöne Feld darstellt, rechts und links wohnt je ein Bruder, dort sieht man das Bett jedes Bruders, möglicherweise auch die Andeutung der Wohnung. Spielen viele Kinder mit, könnte die kinderreiche Familie des armen Bruders auch noch in gerissenen Figuren dargestellt werden. Das Spiel beginnt mit einer Nachtszene: Der reiche Bruder liegt auf seinem Bett und macht sich Gedanken. Dann geht er zum Feld, das in der Mitte deutlich geteilt sein müsste. Er trägt viele Garben auf die Seite, die seinem armen Bruder gehört. Dann wechselt das Geschehen zur anderen Seite. In der gleichen Nacht – nur etwas später – liegt auch der arme Bruder wach in seinem Bett und macht sich Gedanken, jetzt steht er auf, um Garben auf die Seite des Feldes zu bringen, die seinem Bruder gehört.

In der nächsten Szene staunen dann beide, dass das Getreide trotz allem nicht weniger geworden ist. Nun liegt es an der Spielfreude der Kinder, wie viele Zwischenszenen sie folgen lassen: Immer wieder wiederholt sich das gleiche Geschehen, bis sich beide in einer Nacht treffen, sie kommen genau gleichzeitig zum Feld. Da fallen sie sich um den Hals. Der Erzähler führt die Geschichte nun zu Ende, und man legt aus gerissenen Zeitungspapierelementen einen Tempel genau an die Stelle, wo vorher das »Feld der Bruderliebe« war. Der Tempel besteht aus vielen Säulen, Mauern und Türmen. Übrigens wird das Bild aus gerissenem Zeitungspapier immer dann besonders schön aussehen, wenn der Fußboden in einer Kontrastfarbe zum grauen Papier ausfällt. Man könnte deshalb bei

grauem oder braun-grauem Fußboden vielleicht eine dunkel-

braune oder blaue einfarbige große Wolldecke als Spielunter-
lage benutzen.

Gelegentlich wollen Kinder auf die gerissenen Figuren auch
noch Gesichter malen, was natürlich möglich ist, aber auch
ein mit dem Finger ins Papier gedrücktes Mundloch und ebensolche Augen geben dem Ganzen einen sprechenden Ausdruck.

Kapitel 9: Bedrohte Welt

Vorschlag für ein Sing- und Bewegungsspiel zum Märchen:
»Das himmlische Urteil«

Das nachfolgende einfache Strophenlied mit seinen gesproche-
nen Zwischenversen lässt sich von Kindern leicht bewegungs-
mäßig ausgestalten. Dünne graue und grüne Tücher ergeben
viele Spielmöglichkeiten. Mit ihnen kann der grüne Bereich
der Menschen – Gärtner der Erde sollen sie sein! – ebenso dargestellt werden wie die Region der Felsen und Steine, bei der
sich die Kinder vielleicht in graue Tücher einhüllen.
In wenigen, sparsamen Bewegungen kann schließlich dargestellt werden, wie es zur kämpferischen Auseinandersetzung
kommt. Am Ende aber sollen, nach Gottes Wort, die Steine
den Menschen untertan sein, doch bis heute spüren wir den
Gegensatz: Zuviel Steinernes kann unser Leben bedrohen!
Ähnlich einer bewährten Aufstellung im griechischen Theater
bilden die singenden Kinder einen zum Publikum offenen
Halbkreis, in dem das Geschehen abläuft. Was der Schöpfer
werden lässt, das entsteht dort: Steine und grünes Land, Felsen und Wiesen.
Ein oder zwei Kinder könnten als Sprecher agieren; sie stehen seitlich zum Halbkreischor.

1. Zwischensprecher: Sonne strahlte überm Land,
und sie wärmte Meer und Strand!

Chor (2.): Gott schuf auf den Berghängen hoch überm Tal
bald Steine und Felsen in endloser Zahl:
»Steine, gebt nun Halt der Erde,
dass sie fest gegründet werde!«

2. Zwischensprecher: Unter Gottes Segen sein
sollten fortan Fels und Stein!

Chor (3.): Und dann als die Krönung schuf Menschen der Herr:
»Seid Gärtner des Lebens und pflanzt immer mehr.
Will auch euch den Segen schenken;
Liebe soll den Weg euch lenken.«

1. Zwischensprecher: Und die Menschen mehrten sich;
Gott gab Segen gnädiglich!

Chor (4.): Doch alles, was friedvoll, verflog wie ein Traum,
die Steine, sie riefen: »Wir brauchen mehr Raum!«
Wälzten sich ins Tal hinein,
dort gab es Tränen, Angst und Schrein.

2. Zwischensprecher: Gott, kannst du uns Hilfe geben?
Sieh, bedroht ist unser Leben!

1. Zwischensprecher: Und Gott ließ sie nicht allein
dort im Kampf mit dem Gestein!

Chor (5.): Und mächtig befahlt Gott: »Der Kampf ist vorbei!
Ihr Menschen, kommt, schlagt nun die Steine entzwei!
Steine sein euch untertan,
fangt damit zu bauen an!«

2. Zwischensprecher: Den Steinen nahm Gott seinen Segen,
die Menschen solln bauen und pflegen.

1. Zwischensprecher: Den Rat doch wolln wir weitergeben:
Zuviel Gestein
bedroht das Leben.

Chor (6.): Gott will, dass wir ehren die Erde sein,
bestaunen die Felsen und nutzen den Stein.

Häuser und Brücken solln erstehen,
das Grün aber darf nicht untergehn.

Vorschlag für ein Spiel mit Klängen und Geräuschen zum
Märchen:
»Wovor der heiße Wind warnt«

Dieses Märchen der Indios eignet sich besonders gut dafür,
dass eine Kindergruppe es auf ihre Weise nacherzählt und dabei klanglich-akustisch ausgestaltet. Neben Orff-Schlaginstru-
menten, wie Tambourin, Becken, Pauken, Rasseln oder »Er-
satzinstrumenten«, wie Waschmittelgefäßen, Gießkannen usw.
ist ein Melodieninstrument nötig. Schön wären ein Xylophon
oder eine Gitarre.
Den Wind könnten die Kinder durch das Blasen in allerlei
Röhren (Architektenröhren o.ä.) und Gießkannen imitieren.
Sonstige Geräusche, wie das Bellen des Hundes und sein Heulen, wollen die Kinder gewiss mit der eigenen Stimme versuchen nachzugestalten! Hat man vorweg die wichtigsten Geräusche und Klänge erprobt, zum Beispiel auch ein Motiv für
das »Auf-den-Baum-Klettern« des alten Mannes, das ihm das
Leben rettet, sein Herabgleiten (!) vielleicht auf dem Xylophon mit aufsteigender und abfallender Melodie (Glissando-
Effekt?), so kann die Nacherzählung beginnen – akustisch-
musikalisch reich ausgestaltet. Dabei dürften die Schritte des
Häuptlings, schließlich sein Rennen und Flüchten, genauso-
wenig fehlen wie als Höhepunkt das dröhnende Blasen des
todbringenden Windes.

Vorschlag für ein Stegreifhörspiel zum Märchen:
»Wer den Wind erweckt hat«

In nahezu jeder Familie, Kindergruppe oder Schulklasse ist heute ein Kassettenrecorder mit eingebautem automatischen Mikrofon zur Verfügung. Auch eine Leerkassette ist rasch beschafft, und schon kann mit dem Aufnehmen des kleinen Stegreifhörspiel begonnen werden.

Noch einmal wird die gerade erzählte Geschichte gemeinsam bedacht, und dann beginnt schon das Aushandeln der Rollenverteilung. Ein Kind sollte als Erzähler die Handlung schildern. Dann sind Sprecher für den Wind, die Spinne, die Fliege und andere Mitglieder vom »Großen Rat der Pflanzen und Tiere« nötig. Alle anderen mitspielenden Kinder sind sehr wichtig für die Gestaltung der Geräusche: Bald weht der Wind mit unterschiedlicher Stärke (das lässt sich mit dem Mund imitieren), bald schweigt er zum ersten Mal, und alle sind besorgt darüber.

Dann sind Wassergeräusche nötig; gewiss holen die Kinder rasch ein paar Wassergefäße und füllen sie, so dass man darin plätschern kann. Das Sprecherkind der Fliege wird sein »Bzzzz« bestimmt in den Satzpausen selbst nachahmen.

Vielleicht wollen die Kinder auch zu Beginn des Ganzen eine echte Rundfunkansage nachmachen: Meine Damen und Herren, sie hören nun das Hörspiel »Wer den Wind erweckt hat«, und dann folgen alle Namen der mitwirkenden Kinder.

Stellt man sich Zug um Zug den Ablauf des Hörspiels vor, so könnte zuerst das Erzählkind schildern, wieviel der Wind zu tun hat, wofür er so wichtig ist.

Szene 1 würde dann dem »Rat der Pflanzen und Tiere« gehören. Man hört viele Klagen und lautes Stimmengewirr. Gegen Ende der ersten Szene sollte das Erzählkind wohl den Beginn der großen Suchaktion schildern: Lange suchen die Tiere überall vergeblich.

In *Szene 2* würde man miterleben, wie die Spinne nach ihrem Weg über das plätschernde Wasser den Wind findet und aufweckt. Leider aber ist der Wind nun für immer zornig auf die Spinne!

Szene 3 schildert das Zusammentreffen von Spinne und Fliege – noch über dem plätschernde Wasser. Rasch kehrt die listige Fliege zum Großen Rat zurück. Für ihre Nachricht erhält sie eine folgenreiche Belohnung.

In *Szene 4* hört man schließlich, wie die erschöpfte Spinne zurückkommt und eine große Enttäuschung erlebt. Man glaubt ihr nicht. Da schwört sie der Fliege Rache, und bis heute macht sie den Fliegen in ihrem Netz den Garaus.

Möglicherweise gibt man am Ende nochmals dem Erzählkind das Wort, damit es sagen kann, warum sich die Spinnen und ihre Netze noch heute vor dem Wind in acht nehmen müssen.

Kapitel 10: Schönheit der Welt

Spurenspiel zum Märchen:
»Die Bambusprinzessin«

Gestaltungsmöglichkeit A

Aus alten Kartoffeln, die wir in zwei Teile schneiden, lassen sich Kartoffelstempel zurechtformen. Aus jeder glatten, halbierten Innenfläche kann die Form eines Fußes herausgeschnitten werden, die dann wie eine Sockelform heraussteht, weil alles andere drum herum weggeschnitten ist. Für unser Spurenspiel benötigen wir eine ganze Reihe von Kartoffelstempeln mit unterschiedlichen Fußgrößen.

Nachdem das Märchen erzählt oder vorgelesen ist, beginnt die Beratung mit den Kinder. Wenn wir die Spuren stempeln wollen, die zeigen, wer wo hingegangen ist, so brauchen wir Fußgrößen für die kleine Prinzessin, für die größer werdende Prinzessin, für den alten Korbflechter und seine Frau, für die Königsboten und den König selbst. Als große Spiel- und Stempelunterlage benutzen wir die Rückseite einer alten Tapetenrolle. Auf einem Tuschkasten mischen wir mit reichlich Wasser unterschiedliche Farben. Die Kinder überlegen besonders, welche leuchtende Farbe die Bambusprinzessin auf ihren Spuren haben soll. Alle anderen erhalten dunklere Farbtöne zum Stempeln ihrer Fußwege. Schon kann das Stempelspiel beginnen. Vielleicht zeichnet man noch die Umrisse der Hütte auf und deutet den Wald an; dann aber wird in zwei Farben gestempelt. In der Hütte bewegt sich die alte Frau bei ihrer Arbeit, während der Korbflechter in den Wald geht. Aus einem vielleicht im Umriss mit hellen Filzstiften skizzierten Baum leuchtet etwas helles Farbiges. Zwei Füße deuten an, daß hier die kleine Bambusprinzessin steckt. Der Korbflechter befreit sie. Weil er sie aber heimträgt und erst in der Hütte absetzt, führt nur eine Spur zurück. Der Korbflechter geht vermutlich langsam und vorsichtig, was man an seiner Spur darstellen kann. Für die folgende Szene rollt man die Tapetenbahn vielleicht etwas weiter auf und beginnt ein neues Stempelbild, nachdem wieder der Umriss der Hütte aufgezeichnet wurde, vielleicht auch Wald und Berggipfel. Die hellen Spuren der nun größer werdenden Bambusprinzessin bewegen sich fleißig im Garten rund um die Hütte; drinnen sieht man die Schrittspuren der alten Frau, während der Korbflechter wieder in den Wald geht, aber täglich etwas Gold findet. In dieses Bild kann man auch noch die Königsboten stempeln, die zur Hütte kommen, um Quartier bitten und sich wundern, dass etwas im Haus »leuchtet«. Die Bambusprinzessin schläft in einem Nebenraum, aber Helles dringt durch alle Wände. Das ist leicht mit einem gelben Filzstift in das Stempelbild hineinzumalen. Vergeblich bitten die

236 Königsboten, dass die Bambusprinzessin mit ihnen geht, schließ-

lich wandern sie heim zum König. Ihre Spur führt sie zurück.
Rollt man nun die Tapetenrolle noch etwas weiter auf, um die
dritte Szene zu gestalten, so ist wieder der Hüttenumriss
nötig, ebenso eine Andeutung von Wald und Berg.

Zuerst ist der Abschied darzustellen. Die Prinzessin geht davon, sie zieht sich in die Einsamkeit auf den Berggipfel zurück,
aber die beiden Alten sind nun sehr traurig. Jetzt kann die Spur
des Königs in besonderer Farbe gestempelt werden, er fragt in
der Hütte nach der schönen Prinzessin, schließlich begleitet
ihn der alte Korbflechter zum Berg. Wie oft beide rasten, kann
in einer Stempelspur ausgedrückt werden. Setzt der König dann
die Krone ab, malt man sie einfach neben die Spur. Auf dem
Gipfel kommt die Prinzessin dem König entgegen. Sie nimmt
ihn an ihre Seite, und beide entschwinden. Aber der alte Mann
beginnt den Heimweg, allen wird er nun davon erzählen.

Gestaltungsmöglichkeit B

Wir legen unser Spurenspiel zu diesem Märchen aus Papier-
sohlen. Zunächst fertigen wir für die unterschiedlichen Personen auf festem Karton je zwei Grundmuster an, Sohlen für
die kleine und die größer gewordene Prinzessin sowie alle
anderen auftretenden Figuren. Ehe das Legespiel beginnen
kann, fertigen wird durch Abmalen bzw. Ummalen der Grundmuster ausreichend Sohlen an, vielleicht auf Papier unterschiedlicher Farben, und schneiden alles aus. Dann beginnt
unser Nachspielen. Freilich braucht man allerlei Raum, um
die Wege zu legen, aber es macht dann auch doppelt Spaß,
»in den Spuren zu gehen« und alles so ein wenig nachzuerle-
ben. Doch selbst, wenn man alle Sohlen in Kleinformat aus-
schneidet und auf dunkles Packpapier klebt – dies wäre eine
weitere Alternative – können unsere Augen mit viel Fantasie
der Spur dieses Märchens folgen. Mit Ergänzungsfantasie erstehen vor unserem Auge alle Bilder und Szenen.

237

Quellenverzeichnis

S. 12:   *Die Himmelsfrau*, aus: Frederik Hetmann (Hg.): »Indianermärchen aus Nordamerika«, © Fischer Taschenbuch Verlag, Frankfurt/Main 1970.

S. 14:   *Wie es kam, daß der Mond am Himmel aufging*, aus: »Philippinische Märchen« in der Reihe »Märchen der Welt«, Verlag Werner Dausien, Hanau/Main 1978.

S. 16:   *Über die Menschen*,

S. 40:   *Kemanta*,

S. 164:   *Wovor der heiße Wind warnt*, aus: »Märchen der Indios. Mythen, Märchen und Legenden der Indianer Mittel- und Südamerikas« in der Reihe »Märchen der Welt«, Verlag Werner Dausien, Hanau/Main 1976.

S. 18:   *Wo die Sonne übernachtet*, aus: »Das Pferd mit dem guten Herzen und viele andere Märchen« ausgewählt von Gerhard Holtz-Baumert, © Middelhauve Verlag, München, für Der Kinderbuch Verlag, Berlin.

S. 20:   *Die verbotene Frucht*,

S. 65:   *Feuer und Leben*,

S. 67:   *Stein und Bambus*, aus: Inge Dreecken und Walter Schneider (Hg.): »Die schönsten Sagen aus der Neuen Welt«, Südwest Verlag München 1972.

S. 22:   *Wie die Blumen wieder auf die Erde kamen*,

S. 121:   *Wie Piriereura den Bruder beschützte*,

S. 180:   *Wer den Wind erweckt hat*, aus: »Wo der Regenbogen endet. Mythen, Märchen und Legenden der Völker über Sonne, Mond und Sterne« in der Reihe »Märchen der Welt«, Verlag Werner Dausien, Hanau/Main 1977.

S. 30:   *Phaethon*, aus: »Alte griechische Sagen« in der Reihe »Märchen der Welt«, Verlag Werner Dausien, Hanau/Main 1976.

S. 34:   *Das Märchen vom Wassermann* aus: »Dichtermärchen aus aller Welt«, Rudolf Trauner Verlag, Linz/Donau 1974.

S. 42:   *Schawenis und das Wasser des Lebens*,

S. 126:   *Die ersten Erdbeeren* (Originaltitel: Erdbeeren), aus: »Was die Zauberpfeife erzählt. Indianermärchen« in der Reihe »Märchen der Welt«, Verlag Werner Dausien, Hanau/Main 1965.

S. 49:   *Wie sich das Feuer an einem lebendigen Herzen entzündete*, aus: »Die Kranichfeder« © Middelhauve Verlag, München, für Der Kinderbuch Verlag, Berlin.

S. 56:   *Wie das Leben durch die Welt wanderte*

S. 118:   *Die großen schwarzen Männer*, aus: »Afrikanische Märchen«

in der Reihe »Märchen der Welt«, Verlag Werner Dausien, Hanau/Main 1970.

S. 63: *Der Tod und der Gänsehirt*, aus: »Janosch erzählt Grimms Märchen«, Beltz Verlag, Weinheim und Basel, Programm Beltz & Gelberg, Weinheim 1972.

S. 74: *Der Prinz, das Mädchen, das Basilikum und die Sterne*, aus: »Inselmärchen des Mittelmeeres«, Eugen Diederichs Verlag, Düsseldorf 1960.

S. 81: *Mein Liebster wohnt hinter dem Roten Meer* (Das Märchen von der Kuhhaut) (Originaltitel: Die Kuhhaut), aus: »Slawische Märchen« in der Reihe »Märchen der Welt«, Verlag Werner Dausien, Hanau/Main 1971.

S. 96: *Das Karussell von Cesenatico*, aus: Gianni Rodari: »Gutenachtgeschichten am Telefon«, © 1964 K. Thienemanns Verlag, Stuttgart – Wien.

S. 98: *Der Maler Tuo-lan-ka*,

S. 162: *Das himmlische Urteil*, aus: »Tibetische Märchen« in der Reihe »Märchen der Welt«, Verlag Werner Dausien, Hanau/Main 1974.

S. 102: *Zweierlei Leben.* Aus: Felix Karlinger (Hg.): »Südamerikanische Märchen«, © Fischer Taschenbuch Verlag, Frankfurt/Main, 1973.

S. 106: *Menasehs Traum*, aus: Isaac Bashevis Singer: »Als Schlehmihl nach Warschau ging«, © 1968 Isaac Bashevis Singer (Text) und Margot Zechmach (Illustrationen), © 1970 der deutschsprachigen Ausgabe: Verlag Sauerländer, Aarau/Schweiz.

S. 114: *Ein neues Gesicht*, aus: Bertolt Brecht: Gesammelte Werke, © Suhrkamp Verlag Frankfurt/Main 1967.

S. 120: *Die Geschichte von dem Honigtropfen*, aus: »Märchen aus 1001 Nacht« in der Reihe »Märchen der Welt«, Verlag Werner Dausien, Hanau/Main 1982.

S. 124: *Unfähig zu streiten*, aus: Yushi Nomura: »Vom Anzünden des göttlichen Feuers«, Herder Verlag, Freiburg 1983.

S. 125: *Die Niederlage und der Sieg*, aus: Israel Zwi Kanner (Hg.): »Neue jüdische Märchen«, © Fischer Taschenbuch Verlag, Frankfurt/Main, 1978.

S. 130: *Des Bettlers Reise in den Himmel*, aus: »Slowakische Märchen« in der Reihe »Märchen der Welt«, Verlag Werner Dausien, Hanau/Main 1975.

S. 132: *Die schlaue Schnecke*, aus: Monika Huchel (Hg. u. Übersetzung): »Der Fächer des Lebens. Märchen aus Asien«, Verlag Neues Leben, Berlin (Ost) 1972.

S. 133: *Von Großvater Jegorijs lustigen Streichen* (Originaltitel: Großvater Jegorijs lustige Streiche), aus: »Slawische Märchen« in der Reihe »Märchen der Welt«, Verlag Werner Dausien, Hanau/Main 1971.

S. 136: *Pfänderspiel und Pappenstiel*, aus: »Französische Märchen« in der Reihe »Märchen der Welt«, Verlag Werner Dausien, Hanau/Main 1970.

S. 139: *Mike Fink*, aus: »Märchen aus Nordamerika. Die grüne Prärie« in der Reihe »Märchen der Welt«, Verlag Werner Dausien, Hanau/Main 1979.

S. 145: *Das Feld der Bruderliebe*, aus: Israel Zwi Kanner (Hg.): »Jüdische Märchen«, © Fischer Taschenbuch Verlag, Frankfurt/ Main 1976.

S. 146: *Wie Gott sein* (Originaltitel: Vom heiligen Andreas), aus: »Die Märchen der Weltliteratur«, alle Rechte bei Eugen Diederichs Verlag, Düsseldorf und Köln.

S. 149: *Der Fels*, aus: Frederik Hetmann (Hg.): »Märchen des Schwarzen Amerika«, © Fischer Taschenbuch Verlag, Frankfurt/ Main 1974.

S. 156: *Der böse Fürst*, aus: »Die schönsten Kindermärchen von Hans Christian Andersen«, © Verlag Heinrich Ellermann, München 1968.

S. 168: *Die Sintflut*, aus: »Alte griechische Sagen« in der Reihe »Märchen der Welt«, Verlag Werner Dausien, Hanau/Main 1976.

S. 172: *Birne im Müll*, aus: Günter Herburger: »Birne kann alles. 26 Abenteuergeschichten für Kinder«, © Hermann Luchterhand Verlag, Darmstadt und Neuwied 1971.

S. 183: *Das wartende Land*,

S. 211: *Male auf die Rinde des Baumes* (Originaltitel: Das Märchen auf der Rinde), aus: »Märchen der Südsee« in der Reihe »Märchen der Welt«, Verlag Werner Dausien, Hanau/Main 1976.

S. 188: *Warum die Bäume nicht mehr sprechen können*,

S. 192: *Das Glück im Lorbeerbaum* (Originaltitel: Vom Prinzen und dem Mädchen aus dem Lorbeerbaum), aus: »Warum die Bäume nicht mehr sprechen können« in der Reihe »Märchen der Welt«, Verlag Werner Dausien, Hanau/Main 1976.

S. 197: *Der Schlangenjüngling*, aus: »Chinesische Märchen« in der Reihe »Märchen er Welt«, Verlag Werner Dausien, Hanau/ Main 1968.